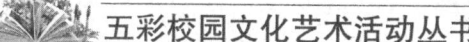
五彩校园文化艺术活动丛书

校园节庆类活动指导手册

李金凤 ◎编著

吉林出版集团股份有限公司
全国百佳图书出版单位

前言
PREFACE

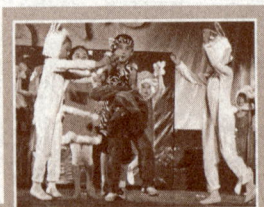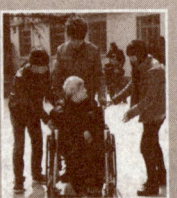

在党和政府的要求下，长期以来，学校文化艺术活动作为学校教育教学工作的一个重要组成部分，不仅是广大青少年建立兴趣爱好和成材的重要途径，而且是学校德育工作发挥巨大作用的主要因素。营造丰富多彩的校园文化，为广大青少年开拓广阔的成材之路，这是加强素质教育的要求，也是培养青少年未来实现中国梦想的要求。

学校开展形式多样的文化艺术活动，能够使广大青少年达到开阔视野、陶冶情操、增长才智、提高素质、沟通人际、适应社会以及改善知识结构和掌握实用技能等方面的效果。在这些文化艺术活动中，广大青少年通过接受不同形式、不同内容的有益教育，能够起到潜移默化的作用，这对造就和培养有理想、有道德、有纪律、有文化、适应中国复兴和实现中国梦的新一代人才有着十分重要的作用。

因此，越来越多的学校对于开展丰富的文化艺术活动和营造浓郁的校园文化环境给予了越来越多的投入和努力，学校里的音乐队、合唱团、舞蹈队、书画社、兴趣小组等，简直琳琅满目。因此，校园文化艺术活动的组织策划与指导就显得十分重要了。这就需要坚持先进文化的正确方向，以育人为根本目标，努力发展符合实际需要、并为广大师生喜闻乐见，且具有实效的校园物质文化和精神文化体系，真正营造五彩校园的文化氛围。

为此，根据党和政府有关政策和部门的要求以及国内外最新校园文化艺术的发展方向，特别编撰了《五彩校园文化艺术活动》丛书，不仅包括校园文化艺术活动的组织管理、策划方案等指导性内容，还包括阅读、科普、歌咏、器乐、绘画、书法、美化、舞蹈、文学、口才、曲艺、戏剧、表演、游艺、游戏、智力、收藏、棋艺、牌技、旅游、健身等具体活动项目，还包括节庆、会展、行为、环保、场馆等不同情景的活动开展形式等，具有很强的系统性、娱乐性、指导性和实用性。

本套丛书适当配图，图文并茂，设计精美，格调高雅，不仅是广大学校用于开展丰富文化艺术活动的最佳指导读物，也是大中小学学校领导、教师，在校大中小学学生、研究生、博士生以及有关人员学习的最佳实用读物，还是各级图书馆珍藏的最佳版本。

目 录 CONTENTS

NO1. 学校节庆活动的理论指导

学校节庆活动的组织实施..........002

学校庆六一活动指导方案..........007

学校庆五四活动指导方案..........009

学校教师节活动指导方案..........011

学校清明节活动指导方案..........014

学校植树节活动指导方案..........016

学校读书节活动指导方案..........018

学校科技节活动指导方案..........024

NO2. 学校节庆活动的设计指导

元旦节活动的设计指导..........032

学雷锋活动的设计指导..........036

劳动节活动的设计指导..........044

端午节活动的设计指导..........048

青年节活动的设计指导..........055

母亲节活动的设计指导............062
儿童节活动的设计指导............066
教师节活动的设计指导............069
国庆节活动的设计指导............072

N03. 学校联欢活动的组织指导

关于联欢会的类型说明............078
联欢会的组织和注意事项............093
联欢会的宣传工作开展............097
联欢会节目串词及主持............102
联欢会入场证件制作............108
联欢会奖品设置和发放............111
联欢会会场及舞台布置............114

N04. 学校游园活动的组织指导

游园活动的概述及分工............120
游园活动的场地及奖品............124
学校游园活动精彩案例............127
游园趣味表演项目推荐............132
游园趣味游戏项目推荐............151
游园趣味谜语竞猜推荐............159
游园脑筋急转弯题推荐............176

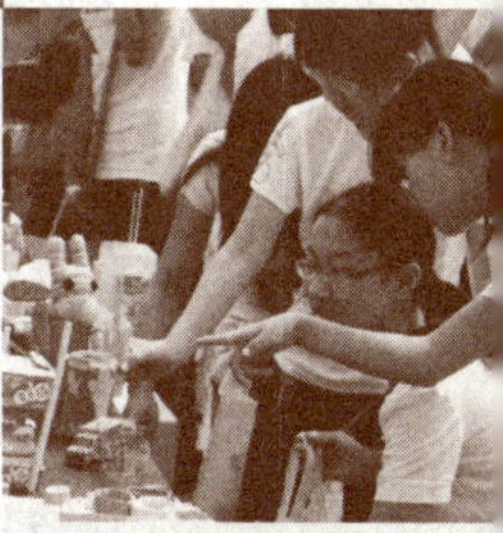

NO1. 学校节庆活动的理论指导

学校节庆活动的组织实施

节庆日文化是校园文化建设的重要组成部分,是构建人文和谐校园的载体。学校开展节庆纪念日主题教育活动,是发挥传统节日和重要纪念日的意义、弘扬民族精神、打造和谐发展的学校文化的重要举措。

节庆纪念日,尤其是传统节庆日是中华民族悠久历史文化的一个重要组成部分。作为传统节日和重大纪念日体现的是一种文化,一种内涵,一种精神寄托,是民族生存和发展途中思索的重要标志。

因此,学校应针对不同节日的特点,采用不同的形式,向学生进

行全方面的教育,力求多样化,并提炼一些有效的活动方式。

调查探究,了解节日内涵

探究是每个青少年学生的天性,探究的形式更容易激发他们学习的意愿。因此,学校应着重围绕节庆日组织学生开展探究活动,进行调查。同时通过个别采访、上网查找资料等方式完成探究活动,挖掘节庆纪念日教育的内涵,使学生对节日教育具有更深刻地认识和了解。

例如"世界勤俭日",学校应组织学生开展课题调查,通过采访、聊天的形式,了解自己与父辈、祖辈的童年时在衣食住行等方面的区别。像"如何过生日"、"如何过年"、"一年添置多少衣服、玩具"等。

学生可在与长辈的聊天过程中,通过比较感受到过去青少年生活、学习条件的艰苦。然后在个人探究的基础上,写作课题报告,找一找自己身上有哪些坏毛病。最后辅导员教师引导学生要珍惜来之不易的生活,并学会为长辈做力所能及的小事,用感恩的言行回报长辈。

又如在"教师节",学校可引导学生开展"采访教师的一天,感受教师的辛劳"小课题调查,采访老师的日常生活,包括"每天几点起床、几点睡觉"、"批多少本作业"、"上几堂课"等,通过探究活动,使同学们感受到老师们忙碌的一天,明白教师的用心良苦,进而化为感恩老师的具体行动,如献束尊师花、亲手做感恩卡等活动。

学校则要利用板报、橱窗等宣传阵地,教育学生热爱老师,尊重老师,体会老师的用心良苦。在探究的基础上,使学生进一步了解节日的内涵,明确节日的意义。

体验活动,增强心灵感悟

如果说调查探究具有自行感悟的优势,那么体验则是同学们直接受教育的一种有效形式。因此在节庆日来临之际,学校还可以视情况设计体验活动。通过看似简单的体验环节,让学生有更直观、更真切的体会，使情感得到进一步升华，节庆日行动得到进一步落实。这种实践体验方式也更易赢得学生的青睐。

"清明节"祭扫英烈是有效的情感教育时机，学校可开展以"缅怀革命先贤，继承先烈遗志"为主题的纪念革命烈士活动。老师可带领学生参观"烈士生平事迹陈列馆"，观看革命先烈的遗物和资料，听解说员介绍革命先烈的丰功伟绩，使学生身临其境，感受先烈的伟大，激发践行爱国誓言的豪情，让师生在活动中接受爱国主义精神的洗礼。

"中秋节"学校可以邀请家长参加共叙中秋情话的主题教育活动，让学生向妈妈赠送一块月饼、和妈妈说一句感谢的话语，举行"全家福"照片班级展和"爱在中秋"征文比赛等活动，使学生的情感得到升华，使体验活动收到一定的教育效果。

榜样教育，深化文化理念

榜样的教育力量是无穷的，学校应根据学生善于模仿、好胜心强的特点，利用推选阳光少年、校园之星、优秀少先队员等激励机制，树立身边的好榜样，倡导新风尚，促使广大学生模仿榜样的行为，认同榜样的思想道德，期望自身形成榜样的优秀品德，形成自我教育，深化节庆纪念日的教育导向。

学生可学习的榜样有很多，如历史中的榜样、文艺作品中人物形象等，但学校更多的是挖掘现实生活中的榜样，这样的教育更真实、有可参照性。因此在"雷锋日"，学校可以通过红领巾广播向学生宣传社会上的"活雷锋"，然后引导学生挖掘身边的感恩小故事，开展"我心目中的小雷锋"评选活动，使学生感受雷锋精神无处不在。

除此之外，学校还应将节庆日教育与感恩教育结合起来，在"感恩五月"的母亲节活动中，开展主题班会，老师要鼓励学生主动为父母做家务，向父母说感恩话语等，评选出最有孝心的学生。通过主题活动，使学生了解父母的辛苦，懂得父母之爱的无私和伟大，让学生真正理解父母之爱，珍惜父母之爱，同时也让学生接受中华民族"孝父母、尊长辈"传统美德的熏陶。

在"六一节"的表彰活动中，学校应让学生明白：用实际行动为学校争光就是感恩学校、感恩老师的好行为，使学生受到更深刻的教育。

创建绿校，发挥环境功效

学校利用"世界环境日"、"植树节"、"世界水日"等具有环境教育意义的纪念日，在全校开展各种形式的环保教育活动，不断加强师生的环保理念，营造浓郁的创建氛围，营造一个整洁舒畅的学习生活场所，使学校师生的环保意识得到加强。

长效的宣传活动，富有人性化的护绿标语能够丰富学校的创绿内涵。学校应营造一个"人人参与，创建绿色家园，绿色校园，呵护地球家园，构建生态安全与环境友好型社会"活动的良好风气。

在这些环境节日里，各班还可以召开主题班队会，积极争创"文明星中队"，让学生在活动过程中提升对节庆纪念日的理解，内化为自己的实际行动，实现节庆文化教育的激励作用。

家校合作，拓展教育空间

在学校节庆纪念日教育活动中，学校教育的对象除了校园里的教师、学生，更多的是在家长、社区。因此学校应将节庆日教育活动延伸到家庭和社区，在节庆纪念日开展红领巾进社区活动，为学生搭建实践回报社会舞台，拓宽教育的渠道。许多活动的教育者，不仅仅局限在辅导员身上，也包括家长、校外辅导员、社区共建单位等，这样节庆纪念日教育效果也不仅局限在校园，更辐射到了整个社会。

在"端午节"、"重阳节"、"劳动节"，学校都可以开展一些公益活动，如帮助社区居委会义务宣传、为孤寡老人打扫卫生等，与社区居委会建立良好的合作互动平台，以形成一个践行节庆纪念日教育的大课堂。

学校庆六一活动指导方案

为加强和改进学生思想道德建设，帮助广大学生牢记父母的养育之恩、老师的教诲之恩和社会的关爱之情，增强他们的爱心和社会责任感，提高广大青少年思想道德素养，改善社会风气，建设社会主义精神文明，学校在"六一"到来之际，可以开展"感恩教育校园行"活动。

具体的实施方案可根据学校自身情况而定。

活动时间

5月24日活动课，各班级到政教处报少先队新入队队员名单、抽取演出顺序，并将节目名称、串词、演出形式、演员名单、演出人数的电子版文件发送至学校少先队"六一"文件夹，请注明班级。

5月27、28日中午12：30于阶梯教室开始演出。27日安排一年级、二年级演出；28日安排三年级、四年级、五年级演出。为确保演出过程顺利，各班必须于演出前将伴奏乐器交给负责音响的教师。

6月1日，先举行少先队入队仪式，随后正式汇报演出，地点另行通知。

参加人员

小学部全体师生。

具体事项

1、仪式

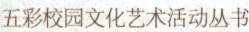

举行别开生面的入队仪式，使每位新入队的和已入队的少先队员感受到自己的光荣，记住这个难忘的"六一"。

2、主题

节目以"知感恩、明责任"为主题。

3、人员

演出人员由各班自定。

4、节目

每个中队推选一个质量较高的节目参赛，每个节目的时间在2分钟至6分钟。

5、伴奏

各中队自备伴奏带，建议用MP3格式。

6、评分

评分标准：满分10分，保留两位小数。

（1）伴奏带效果好，无杂音。1分。

（2）演员服装统一、美观，贴切表演内容。2分。

（3）选材有新意，贴近生活，富时代感。1分。

（4）表演自然、表情真切；动作优美、整齐。5分。

（5）道具美观、精致。1分。

7、评比

各级部将分别评出一、二、三等奖。每级部一等奖、二等奖将参加六一汇报演出。

学校庆五四活动指导方案

为了弘扬"五四"精神，对学生进行革命传统教育，展现学校学生的能力，让学生过一个有意义、富有激情的节日，学校可举办一些活动。学校可结合自身实际情况确定内容主题。

这里提供"庆五四唱红歌"的赛歌活动的方案，供参考。

活动主题

弘扬五四精神，接受革命传统教育。

具体要求

制定活动方案，评分标准，确定活动目标及要求。

节目准备：4月15日下午第四节课召开筹备会，各班准备节目，节目形式为合唱革命歌曲。各班于4月20日前将节目单送交负责老师。

4月20日上午课间操时，各班班主任、班长到教务处分年级抽签确定演出顺序，编排打印节目单。

策划组负责安排整个演出流程，完成节目之间的串词、撰写工作。

各班的伴奏用U盘下载后交政教处老师，由政教处老师按节目顺序统一下载到电脑中。

评委职责

认真学习本次演出活动评分标准。

按时参加演出评分工作。

客观、公平、公正地为每一个节目评分。

现场统计分数,现场公布分数,演出结束时及时为活动组委会提供得分结果。

宣传组职责

设计安排悬挂演出现场需用的标语、横幅。

准备获奖班级的奖状。

负责摄像、录像。

安全保卫组职责

布置演出场地,提供音响设备,确保音响畅通。

划分各班学生就座的区域,维持演出时的秩序纪律。

演出结束后,组织学生有序进入教学楼,确保不出任何安全事故。

活动奖励

七、八年级各设一、二、三等奖各1名,以评委现场打分为准。

学校教师节活动指导方案

金秋的9月，原本是个平凡的月份，却有着辉煌的内涵和五彩缤纷的色彩！9月10日，这个普通的日子，正是因为教师这一人类灵魂的工程师而变得伟大而神圣。

在"教师节"，学校可通过各项庆祝活动，表彰、宣传先进教师的先进事迹，把教师节庆祝活动转化为弘扬、学习优秀教师先进事迹的过程，转化为进一步提升教师师德、在全校营造尊师重教的良好氛围的过程，进而激励广大教师敬业爱岗，为人师表。使"和谐、快乐、成功"的办学理念植耕于心，使全校教职工上下一心，为全面推进学校在义务教育均衡中的发展做出更大的贡献。

教师节的活动方案供各学校参考。

活动主题
共谱和谐校园，喜迎老师华诞。

活动时间
9月10日至9月11日

活动负责部门
党支部、工会、政教处、团队部、信息中心、总务处。

学生活动步骤
1、"爱生"篇

全体辅导员于9月10日下午班会课时间，围绕电视台的"开学第一

课"的内容,开展感恩主题队会,带领学生感受各种爱的力量,引导学生学会知足、学会感恩。

2、"尊师"篇

学生利用课余时间,给老师准备好一份礼物,必须是DIY作品,于9月10日教师节当天送给自己最喜爱的老师。

学校组织9月10日早上的校门口的迎师活动,主题为"老师,愿徐徐清风带去我的关怀!"

教师活动步骤

9月11日下午召开庆祝第25届教师节表彰会暨联欢会。

13:30至14:30 退休教师茶话会

14:30至15:30 表彰大会

按顺序依次为:学生代表献词;校长致词;宣读关于表彰优秀集体、优秀个人的决定;颁奖;教师代表发言。

15:30至16:30 联欢活动

16:30至17:00 前往"丰收日"

17:00 聚餐

前期准备工作

1、学生活动

(1)团队召开全体辅导员工作会议,布置开展感恩教育主题队会的任务,并做好标准队会仪式的指导。

(2)团队召开班长例会,内容包括为布置学生准备一份礼物、班委召开形式多样的庆祝活动等工作。

(3)团队组织好鼓号队、礼仪队、门勤组的前期培训。

(4)团队组织学生准备献诗歌。

(5)德育部门组织班主任搞好活动期间的学生安全、学生活动的辅导,并进行活动期间的组织协调。

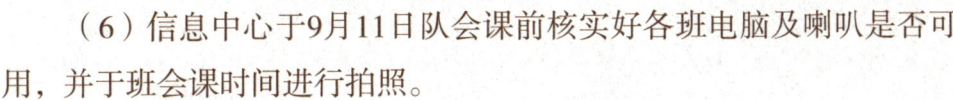

（6）信息中心于9月11日队会课前核实好各班电脑及喇叭是否可用，并于班会课时间进行拍照。

另，在9月10日早上6点50分前保证校门口大电子屏幕上显示如下字样："热烈庆祝第×个教师节！各位老师：您们辛苦了，节日快乐！全体学生敬上。"

（7）后勤组于9月9日前准备好70个小电扇、两根彩带、8个小气球，并保证9月9日下班前门口礼仪桌的布置完好，要求有相当于6张课桌大小的礼仪台，并铺上台布。

2、教师活动

（1）召开工会委员组室长会议，明确教师节活动的时间、任务等事项及分工情况。

（2）组室宣传动员、组织上报"教师节"的有关节目。

（3）表彰内容及节目汇总，有序编排，制作PPT，并布置好会场。

（4）通知全体退休教职工，全程参与活动。

（5）全体退休教职工为节目打分，准备好打分的笔和表格，作为文明组室考核依据之一。

（6）安排好酒店、席位等事项。

本次活动的开展，浓厚了教师节氛围，加强了教职工之间的交流，增强了教职工的凝聚力，让广大教职工感受到了团结、协作的魅力和身心放松的愉悦，有利于广大教职工以饱满的精神面貌投入到教育教学工作中。

学校清明节活动指导方案

"清明节"可以号召学生时刻铭记烈士们为解放国家和民族而不惜牺牲生命的大无畏的英勇事迹。鼓励学生向烈士们学习顽强拼搏的精神；培养学生的爱国主义精神。同时借此机会开展清明节祭扫烈士陵园活动。

具体活动方案学校可根据自身情况实施。

活动主题

缅怀革命先烈，弘扬民族精神，争做高素质的当代中学生。

活动目的

告诫新时代的学生勿忘国耻，在和平时期仍应弘扬和继承老一辈革命家和先烈们舍己为国的精神。增强学生爱祖国，爱人民，刻苦学习、立志成才、报效祖国的信念与决心，同时使学生融入到集体中，培养互相协作的能力，共同进步。通过此项活动使同学们更加了解我党、团的历史、指导思想和宗旨，激发学生的入团积极性，进一步端正入团动机，争取更多的优秀学生加入中国共青团。

活动要求

按时集合，不可迟到；

集体活动，安全第一；

保护环境，举止文明；

团结友爱，帮助相互；

遵守队伍纪律，不得擅自离开队伍。

扫墓程序

总指挥由副校长担任。

参加人员由学生处主任、学生处副主任、科研室主任、保卫科科长、团委书记和电教老师组成。

活动顺序依次为：献花篮，默哀1分钟；入团仪式；团委书记发表团委决议；老团员给新团员佩带团徽；宣誓；新团员代表、老团员代表和学生代表发言；学校领导讲话；向烈士献花。

游艺活动

拔河比赛。赛后搞好卫生，如捡拾垃圾；全部活动结束后，整顿队列，安全返校。

注意事项

穿着整洁，行为大方；不准在烈士纪念碑下嬉戏打闹；要以崇敬的心情参加活动，了解烈士事迹；讲卫生，不准在烈士陵园里乱吃零食、乱丢垃圾；不要乱跑，不破坏绿荫草地。

学校植树节活动指导方案

"植树节"是一些国家为激发人们爱林、造林的感情,促进国土绿化,保护人们赖以生存的环境而设立的节日。

为了增强学生对植物的认识和提高大家对植物的爱护,以及增强大家对绿化环境、保护环境的认识,学校可借此机会开展相应的活动。

下面提供一些活动的指导方案,供学校参考。

活动目的

以3月12日"植树节"为契机,在全体老师和学生中开展形式多样的护绿行动和植物种植实践体验活动,做到人人参与,宣传与实际行动相结合,令学生在活动中体验成功的喜悦,增加对植物生长情况的了解,增强环保意识、生态意识,以达到为班级、学校、社会增添绿色,净化、美化环境的目的。

行动口号

行动起来,争做护绿小使者。

活动时间

3月2日至3月16日。

活动内容

1、植物节宣传活动

学校在3月9日国旗下讲话中向全体老师和学生发出号召:人人参与植树节护绿、养绿系列活动,为美化、净化环境尽一份力。

各班出一期"绿色环保"的主题板报，3月10日评比。

全校学生自编"环保"主题手抄报一份，3月11日各班上交1份至2份手抄报，大队部将评选优秀作品，在宣传窗内展出。

"我给小树写写诗"。结合植树节各项活动，各班组织学生写几首儿童诗，班主任精选2篇至3篇，于3月16日前上传至德育处植树节相应内容文件夹内，大队部将评选出优秀作品，予以表彰。

2、环保护绿活动

按照护绿小队，认养校内绿化植物，开展拣垃圾、落叶、养护绿化等活动。

在各班认养区域内清理杂物。

给本班小树除除草、松松土、浇浇水、修修枝。各班自备工具。

我和小树留个影：在护绿活动中，学生可以拍一些本班同学养护小树的过程，最后还可以与小树合影。

活动时间：3月12日大课间，如天气异常则顺延。

3、"绿意角"的设计评比

在植树节前期，在自愿的原则下，学生可以和家长共养一盆绿色植物。3月16日拿到班里，教师、学生可以利用这些植物，充分发挥创新能力，将教室装扮成绿意盎然、充满生机的环境。

4、评比时间

3月19日中午12：20进行。

学校读书节活动指导方案

为了营造快乐轻松的学习氛围,激发学生的读书兴趣,促进学生综合能力的提高,使课外阅读真正成为学生的良好学习习惯,学校可举办"读书节"活动。

这样不仅可以让浓浓的书香洋溢校园的每个角落,还能全面提升师生的审美情趣和人文底蕴。

这里提供一套读书节活动的开展方案,供参考。

活动目的

通过读书活动,指导学生制订读书计划,培养学生读书的习惯,提高学生的读书能力。

引导教师、学生共同参与,优化校园文化环境,促进学生素质和谐发展。

努力构建学习型校园,通过读书活动,切实引导广大学生多读书、乐读书、会读书、读好书。

通过读书活动,开拓广阔视野,营造和谐的校园文化氛围,争做文明学生,用读书改变我们的生活,打造好人生底色。

在广泛发动基础上,全员参与,形成师生共读的氛围,力求读书活动收到实实在在的育人效果。

活动时间

1月1日至6月30日。

活动主题

我读书、我精彩,我们读书、世界精彩。

活动步骤

1、第一阶段

活动策划,12月1日至12月30日。

(1)制订《读书月活动方案》。

(2)《读书月活动倡议书》、《读书月致学生家长的一封信》。

(3)在学校网站发布读书月主页;发布读书月相关文件资料,及时交流信息经验。

2、第二阶段

组织实施,1月1日至6月30日。

(1)举办读书月启动仪式,营造创建书香校园的浓厚氛围。

(2)开展有特色的读书月活动。

刊出一期以"我读书、我精彩,我们读书、世界精彩"为主题的黑板报,由班主任负责落实;继续组织学生参加活动。具体为:"红色之旅爱国主义读书"征文比赛,教研组负责落实;"古诗词诵读比赛",班主任负责落实;"好书相伴我成长演讲比赛",教导处负责落实;"最佳书签设计比赛",教研组负责落实;"让世界更精彩"征文比赛,教导处负责落实。

3、第三阶段

总结表彰。

按组织单位,村校以校为单位、中心校以班为单位,分中段、高段,初段评出优秀组织奖。

活动要求

各班主任要充分认识加强相关资料宣传工作的重要性,做好宣传工作;要高度重视,把本次活动作为推进"书香校园"建设的重要工作来抓。

各班级要认真制订《读书月活动方案》,开展有特色的读书活动,做好相关资料的收集、整理、上报工作。

在校园悬挂读书月标语,例如:我读书、我精彩,我们读书、世界精彩;阅读文化经典,建设书香校园;多读书、好读书、读好书;知书达礼,明礼向善,文明和谐,等等。

读书月活动指南

各年段的班级可参考下面的活动建议,自行设计《读书月活动方案》,分阶段组织实施。

刊出一期以"我读书、我精彩,我们读书、世界精彩"为主题的黑板报,学校组织检查评比。

开展创建"书香班级"主题班会。

开展"每日一诗"诵读活动,各班组织一次古诗词诵读比赛。

深入开展班级"图书角"和"好书交流"活动。尝试开展"图书市场",在同学与同学之间、班级与班级之间建立"好书交换站",举行"好书换着看"等活动,充分发挥学校、班级、个人藏书优势,让每个学生都能多读书、读好书。

开展"读书心得交流会"。要求各班学生把读书的感想、体会、经验等写出来,在班内进行交流。

开展"好书相伴我成长"等征文演讲比赛活动。要求各班同学把在读书过程中发生的成长故事记录下来,选出最佳文章,参加学校"我与书的故事"征文比赛。

开展"优秀读书随笔、读书手抄报或电子报展评"活动。

开展"我与父母同读一本书"活动。

开展每天定时读书半小时活动。

读书节活动设计方案

1、"读书月"最佳书签设计比赛

为开发学生的阅读兴趣,展示学生个性化书签制作能力,本届读书月决定评选"最佳书签设计奖"。

(1)比赛要求。书签的文字和图画内容都要与宣传图书知识、读书知识相关;为了让大家有更大的发挥空间,书签形状不限,既可手工制作,也可以电脑制作;评分规则,总分为10分,美工及内容各占5分;参赛作品请注明班级、姓名;按年段进行评比。

(2)截稿日期。×××月×××日

(3)评奖。设一等奖10名;二等奖20名;三等奖30名。

2、"好书相伴我成长"演讲比赛

为了丰富校园文化生活,给学生提供展示才华和交流的舞台,并进一步激发学生对读书的热情,特举办"好书相伴我成长"演讲比赛,现在将有关事宜通知如下:

（1）演讲主题。重点讲述自己的读书经历、读书故事，回顾读书对自己成长的影响。介绍点亮你人生理想明灯的好书。

（2）演讲要求。时间不超过3分钟。

主题鲜明，语言流畅，富有真情实感。

演讲要求脱稿。每班限报2名，按年段开展评比。

（3）奖项设置。一等奖2名，二等奖3名，三等奖7名。

（4）比赛时间。×××月下旬。

3、经典古诗文诵读比赛

我国是一个具有五千年历史的文明古国，且文化灿烂辉煌。古人给我们留下了寓意深刻的美文，需要我们新一代去传诵。

班级组织本次比赛活动，方案自定。

（1）优秀组织奖评选通知。为总结读书月成果及表彰先进，本届

读书月决定设立优秀组织奖。

　　本次优秀组织奖按年段依据各项活动积分从高到低排定。其中年段积分前一、二位获优秀组织奖，发给奖状，并在学校文明班级考核相应条款给予计分。

　　（2）分项计分方法。黑板报，年段按6、5、4、3、2、1计分；学生征文比赛、学生演讲比赛、学生最佳书签评比按一等奖3分，二等奖2分、三等奖1分计分；班级组织学生古诗词诵读比赛：按组织5分，不组织不得分计；学生参加县比赛按一等奖4分，二等奖3分，三等奖2分计。截止6月10日。

　　4、读书月活动的倡议书

　　春天，是一个梦，梦的名字叫成长。

　　春天，是一首诗，诗的主题是收获。

　　美好的春季里开学了，多梦的第一个月迎来了属于我们自己的精彩！同学们一起来吧，走进属于我们的首届读书节。

　　载梦想起飞吧，携着书的芬芳！

　　"让经典走进心灵，使阅读成为习惯"是我们本次读书月的主题。在书的世界里，我们可以领略广阔的天地，欣赏壮丽的山河；可以知晓文史，品诗词歌赋；可以回味古老的悠长，眺望未来的瑰丽！

　　共读一本好书，就是凝聚同一种力量。你有一片泥土，我有一把种子。美好的季节不可错过，成长的泥土，需要阅读的种子！一起读书吧，让萌动的希望谱下春天的第一首曲子，让成长的渴望写下春天的第一篇诗行。开卷有益，益己、益人、益民族、益国家、益未来！读书真的很快乐！让我们积极参与，分享读书的浓浓乐趣，共享读书的美好时光！

学校科技节活动指导方案

科学的发展引领新世纪的发展方向。学校应坚持以人为本的科学发展观，推进科学技术发展，响应提高学生素质的号召，发起一系列科技活动。

目的是推进素质教育的实施，为学生提供展示个性的平台，丰富学生的课余生活，锻炼学生双手的灵活性，培养学生的耐心和细心的习惯，从而促进学生的全面发展，为学生一生的发展奠定最好的基础。

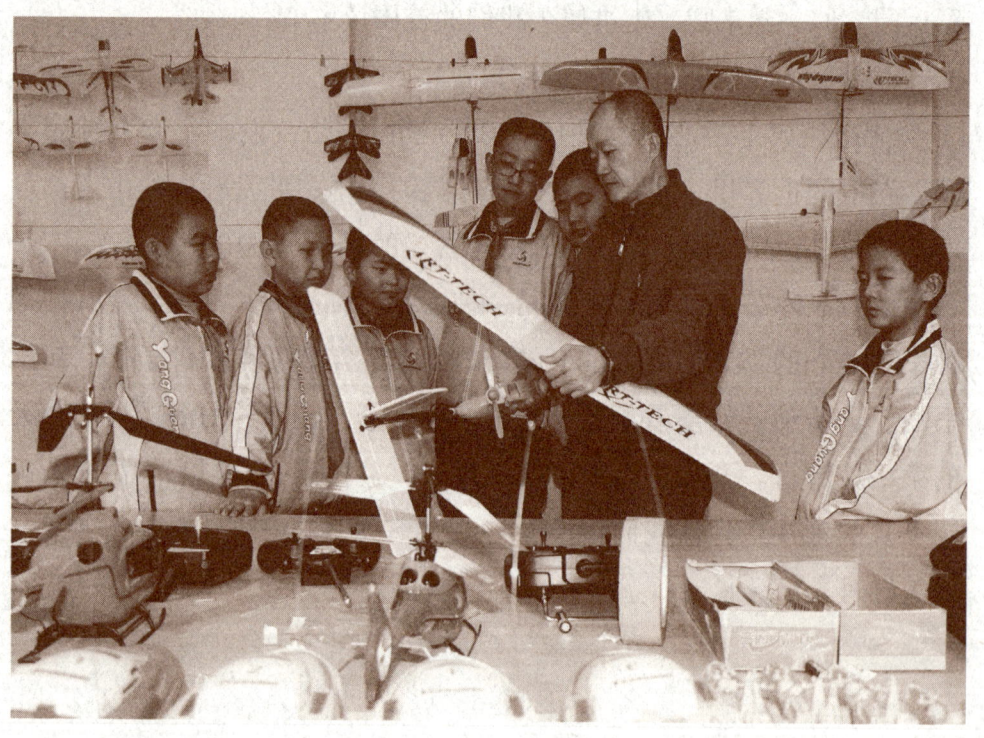

指导思想

为促进学校科普教育和创新教育的开展，激发学生"爱科学、讲科学、用科学"的热情，丰富学生的课余生活和提高学生的科学文化素养，展现师生奋发向上、拼搏进取的精神。根据青少年科艺指导中心的工作要点，结合学校实际情况，决定举办学校科技节。

科技节活动主题

科技·人·城市——与世博同行

科技活动节总体要求

举办"科技节"活动是构建和谐的校园环境、提升校园文化内涵的一项重要活动。全校师生要提高认识，人人参与、齐心协力办好科技节。

科技节活动负责人员要精心组织、周密安排，在规定的时间内完成各项活动的报名、比赛等工作，保证科技节活动的顺利进行。各班班主任要积极策划、认真组织、指导本班学生参与科技节的各项活动。

科技节活动各项目进行时，学生在集合、观看、解散的整个过程中，班主任要对学生预先做好安全教育、纪律教育、礼仪教育。

具体内容和实施说明

1、开幕式

参加人员：全校师生

时间：4月20日

地点：学校操场

（一）"关爱海洋、热爱家乡"环保贺卡

由一年级至八年级学生参加。

（1）要围绕"海洋"、"家乡"的主题，充分发挥自己的想象力，并主要利用废旧物品制作别出心裁、精致、富有创意的贺卡。贺卡内容积极健康向上，能体现海洋的知识、文化、精神，体现地方的特色、特点、风土人情等，达到宣传环保的目的。

（2）贺卡须由学生独立完成。

（3）贺卡折叠以后的大小基本不得超过32开纸，贺卡形状、样式、文字内容等均须围绕海洋展开，但制作材料必须主要为废旧品，可为纸、废塑料、玻璃纸、零碎布、零碎木片等。可以通过在贺卡上写一行字、画一幅画、粘贴一幅图片，来展现海洋风貌、地方风采，例如展现海洋生物、海洋世界、地方土特产、标志性建筑等。

（4）贺卡底卡上不能画有或写有任何东西，不得粘贴任何东西，但可以用铅笔勾画一个框架。贺卡制作完毕后需填写学校、学生姓名和年级、班级。

评选标准

1、思想性

（1）内容积极，健康向上，反映学生的审美情趣和审美能力。

（2）紧扣"关爱海洋、热爱家乡"的主题，并科学地表达完整的意义。

2、创造性

（1）取材新颖，构思独特，设计合理，原创成分高。

（2）贺卡作品具有想象力，具有个性的表现力。

3、艺术性

（1）能较好地运用形、色以及明暗等美术语言，贺卡整体感和谐、娴美。

（2）构图完整，文字、图片、图画等要素要连贯、一致。

4、技术性

能够根据贺卡内容的需要选用恰当的制作工具和制作技巧，制作技术娴熟。

（二）头脑奥林匹克大挑战

五年级至七年级学生参加。

比赛题目分自备材料类和套材类，自备材料类的题目有："纸结构承重"、"扑克牌结构"。套材类的题目有："小车滑坡"、"多拉快跑"。

为解决学生制作材料的缺乏，方便学生参赛，本次科技节将统一进行"扑克牌结构"的比赛。

（三）科普英语

六年级至七年级学生参加。

科普英语活动——科学家的小故事。

活动地点：二楼中会议室。

参加对象：初中部学生，各班在预选后推出1位至2位学生。

活动要求：用英语介绍一位科学家的小故事，材料自选，并复印一份交评委。

评分标准：

英语科普小报，三年级至五年级，每班交一份。

作品要求：可以是电脑小报，也可以是手工小报，材料自选。

（四）征文大赛

四、六、七、八年级学生参加。

1、写作主题

童年

童年意味着天真烂漫，童年意味着幻想，童年意味着无忧无虑。童年的色彩，淡雅而持久。当岁月的车轮悄悄碾过生命的旅程，你就不再拥有童年。再回首，你会发现童年时你拥有的第一笔丰厚财富。文章需主题明确，结合主题童年，真实的写出自己的感受，经历等等。

2、写作内容

童年，是开在记忆力一朵永不凋谢的花，是培养人一生中优秀品格的重要时期。参赛者写作时可根据以上内容写作，也可以根据自己的独特体会结合生活实际进行写作。要求观点鲜明，积极向上，有新颖和独特的见解，紧密联系实际，感受真实，感情真挚，语言通顺流畅；写作构思独特，文章内容具体生动。3、写作要求

（1）体裁不限，不含诗歌，题目自拟；

（2）字数：小学组500字左右；中学组800字至1200字；

（3）参赛文章格式要求：标题小二号宋体，正文三号仿宋GB2312，单倍行距，WORD格式；

（4）所投稿件需为原创稿件，如因稿件非原创而发生法律纠纷，由参赛者自负。

备注：征文活动已事前单独布置到相关任课教师，望班主任关心此项活动。

（五）"小课题（发明）设计方案"评选

四、六、七、八年级学生参加。

凡是拥有对生活、学习和生产等方面有所创造、创新和改善的新设想、新设计的中小学生均可申报参赛。

《小课题（发明）设计方案》为自选课题。

设计方案必须填写在规定的表格上。

（六）科学幻想画

绘画主题：美丽城市·美好生活

作品要求：

1、参赛作品可用油画、国画、水彩画、水粉画、钢笔画、铅笔画、蜡笔画、版画、粘贴画、电脑绘画等绘画形式，使用不同材料表达内容，不包括非画类其他美术工艺品。

2、参赛作品一律在规格为4开大小的材料上绘制，横竖放置均可。

3、参赛作品限个人独立完成。

4、参赛作品不得抄袭他人已发表过的作品，违者一经发现，将被取消资格。

5、参赛作品的评审标准：主题鲜明健康，具有创新的科技灵魂和吸引人、感染人、鼓舞人的艺术魅力，并符合以上要求。

科技活动节闭幕式

举办优秀作品展；庆"六一"文艺表演暨颁奖活动。

评奖方法：

优秀组织奖评分说明：各比赛项目按团体计分的比赛，第一名5分、第二名4分、第三名3分。按个人计分的比赛，第一名3分、第二名2分、第三名1分。

备注：

1、比赛需要的物品一般都要求自备。

2、所有的作品按规定的时间交给指定的老师，在这时间之前、之后都不收作品。逾期作弃权处理。

3、所有的作品应由班主任老师经过挑选后按数量交到负责老师处并落实。

4、各项目组长可根据实际情况设计具体方案组织实施。

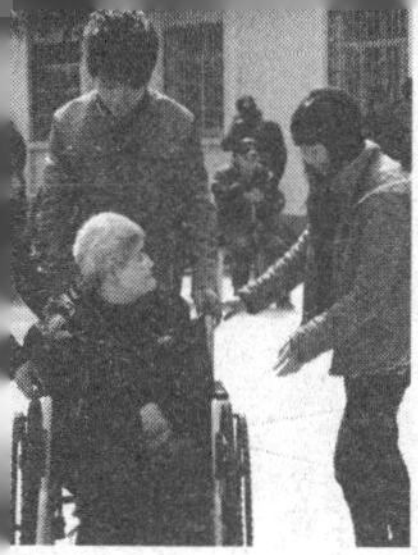

NO2.学校节庆活动的设计指导

元旦节活动的设计指导

节日由来

元旦是新年度开始的第一天,即1月1日。"元旦"一词出自南朝梁人萧子云《介雅》诗:"四气新元旦,万春初今朝。"其中"元"是开始、第一的意思;"旦"是象形字,上面的"日"是代表太阳,下面的"一"字代表波涛澎湃的海面,意为:一轮红日正从海上喷薄而出,放射出灿烂的光芒,会意为早晨,象征一日的开始。"元"和"旦"合在一起,是指新年开始的第一天。

据说,"元旦"这一名称,最早始于三皇五帝。据记载,夏帝颛顼就把孟春正月即春季的第一个月作为岁首,定为"元月",称做"正

月"。把正月的朔日，即正月初一叫"朔旦"。这样元月的朔旦就简称为"元旦"了。此后历代元旦日期的规定又有些变化。如商朝把十二月初一定为元旦；周朝以十一月初一为元旦；秦朝把十月初一为元旦。到汉武帝时，又规定正月初一为元旦，一直沿用到清朝末年。

辛亥革命后，孙中山于1912年初在南京就任临时大总统时，宣布中国改用世界通用的阳历，并决定把1912年1月1日定为民国元年，1月1日为岁首，俗称新年，但不称元旦。

直到1949年9月27日，中国人民政治协商会议第一届全体会议通过使用"公历纪年法"，把农历正月初一定为春节，而将公历1月1日定名为元旦。同年12月23日，中华人民共和国中央人民政府规定公历1月1日元旦放假一天。从此，元旦这一天成为全国人民的欢乐节日。

一般在元旦的前夜，人们常常习惯于守在收音机、电视机旁，听元旦第一声钟响，互相祝贺新年的来到。元旦当天，人们兴致勃勃地参加各项文化娱乐活动，兴高采烈地开始新的一年。

活动设计

在新年到来之际，学校为丰富职工和教师的业余生活，可举办类似"迎新年·庆元旦"这样的游园活动。大家在活动中度过一个愉快的夜晚，共建积极向上、欢乐和谐的生活氛围。

1、学唱歌曲

为了渲染节日的气氛，有过元旦、跨年的感觉，可教学生学唱新年类歌曲。如学唱歌曲《新年好》。

2、布置环境

环境的布置，可以更加凸显节日的快乐。

低年级学生特点是直观形象思维，所以能直接让学生有感受的体验环境的氛围，可以准备很多的气球，将气球捆绑在一起，做出不一样的造型，引起学生对过节的兴趣。活动全部结束的时候，将气球拆

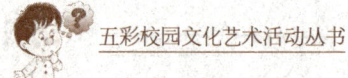

下来，送给学生。

在介绍环境布置的时候，跟学生聊聊关于元旦的事情，元旦代表了什么？这样，在激发学生想要气球的兴趣前提下，通过这种节日的装扮，让学生对元旦有初步的了解和认识。

3、集体展示

为了让活动更加具有趣味性，学校可以组织学生进行表演。台上的小朋友表演自己的拿手节目，如：唱歌、讲故事、背儿歌等，台下的学生欣赏节目，时不时的给予掌声，这样，有意无地的提升了学生敢于在集体面前展示自己的勇气。

4、钟声舞会

元旦夜里可选择一个合适的场地，举行交谊舞会，也可搞成气氛热烈的化妆舞会，一直跳到新年钟声敲响为止。

5、文艺晚会

文艺节目要热烈、欢畅，充满希望和活力。

内容要做到：健康向上、富有思想性；形式活泼、主题突出、艺术性强；服装整齐、动作大方、整体效果好；老师重视、组织有序、参与面广。

6、展览展示

可以举办建设成就、展望未来的图片展览，以宣传成就，鼓舞斗志。

7、体育活动

举行象征性的体育比赛。如元旦越野长跑比赛，也可举办元旦拔河比赛，以寝室为单位，最好以男女混合为主。

8、有奖联欢

集中各种游艺项目，吸引全体学生参与。有的游戏同样适用于教师。

(1)成语连珠,就是先说个成语,每个组或每个人用最后的一个字接成语……接不上的接受惩罚。

(2)让班里的学生用家乡话说一段对白,越经典的越好。

(3)事先准备一些纸片,上面写好各种职业,或者体育运动。接着让每个人分别抽一个,不要让别人知道。最后分别表演,不能说话,让别人猜猜看是什么职业。

9、综合竞赛

综合知识竞赛按年级每班有固定人数参赛,并设各类奖项,制定组织负责人。

(1)书法竞赛分3个组,一、二年级、三、四、五年级、六年级各为一个组。每班有固定人数参赛,并设各类奖项,制定组织负责人。

(2)作文竞赛参赛范围为三年级以上,限时当场命题作文,稿纸由学校统一提供,并设各类奖项,制定组织负责人。

学雷锋活动的设计指导

"雷锋"这个中国大地上出现的平凡而伟大的英雄人物,曾在历史的回音壁上激起了何等强烈共鸣,尽管经历了许许多多不平凡的岁月,但雷锋精神却像一切属于时代、属于人民的美好事物一样,始终珍藏在我们心底。

节日由来

雷锋,生于1940年,湖南长沙人。雷锋的父母兄弟受日本帝国主义、国民党反动派、地主和资本家的迫害相继惨死。他7岁便成了孤

儿，在穷亲戚的帮助下生活。

1949年8月雷锋家乡解放后，在党的关怀下，雷锋上了学小学毕业后在乡政府当通信员，后调县委当公务员。1957年雷锋加入共青团，以后参加根治沩水工程、团山湖农场和鞍钢等建设，多次被评为劳动模范和先进生产者。1960年1月雷锋应征入伍，同年11月入党，次年6月任班长，1962年8月15日因公殉职。

雷锋坚持学习，始终把"全心全意为人民服务"作为行动指南。他热爱部队，关心集体，帮助战友，并迅速成长为一名共产主义战士。在部队两年零八个月的平凡工作中，他荣立二等功一次、三等功两次、嘉奖多次，被评为"节约标兵"和"模范共青团员"，并被选为抚顺市人民代表大会代表。

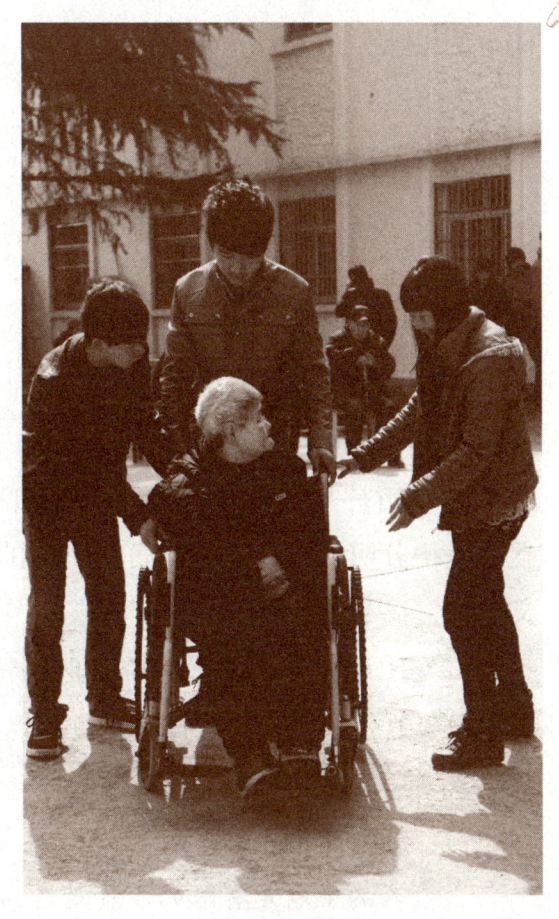

1963年国防部命名雷锋生前所在的班为"雷锋班"。同年3月5日，毛泽东等老一辈无产阶级革命家先后题词，号召全国人民向雷锋同志学习。从此，全国各地开展了向雷锋同志学习的活动，雷锋精神得到了发扬光大，雷锋式的英雄模范亦不断涌现。

活动设计

1、学雷锋先进事迹报告会

可以讲述本班或身边的"活雷锋"的先进事迹，以鼓舞学生积极

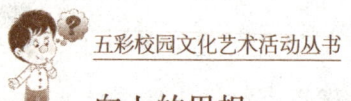

向上的思想。

2、学雷锋诗歌朗诵会

以"学雷锋树新风"为诗会主题，组织诗歌朗诵会。

3、学雷锋小组活动日

可以定期组织学"雷锋活动日"，为身边的同学或者社会群体做好事，例如帮助孤寡老人等。

相关知识

1、雷锋精神

雷锋精神是指在雷锋身上体现出来的共产主义精神。其内容包括：爱憎分明的阶级立场，言行一致的革命精神，公而忘私的共产主义风格，奋不顾身的无产阶级斗志。

其实质是：忠于共产主义事业，毫不利己、专门利人，全心全意为人民服务，做一个平凡而伟大的共产主义战士。

2、雷锋日记摘抄

人的生命是有限的，可是，为人民服务是无限的，我要把有限的生命，投入到无限的为人民服务之中去。

我要像松树那样，不怕风吹雨打，严寒冰雪，四季常青；我要像柳树一样，插到哪里都能活，紧紧与人民连在一起，在人民中生根、长大、结果，做人民最忠实的勤务员。

在工作上，要向积极性最高的同志看齐；在生活上，要向水平最低的同志看齐。

迎着困难前进，这也是我们革命青年成长的必经之路。有理想有出息的青年人必定是乐于吃苦的人。

一滴水只有放进大海里才永远不会干涸，一个人只有当他把自己和集体事业融合在一起的时候才能最有力量。

一个人的力量毕竟是有限的，走不远，飞不高，好比一条条小溪，如果不汇入海河，永远也不能汹涌澎湃、一泻千里。

青春啊！永远是美好的，可是真正的青春，只属于那些永远力争上游的人，永远忘我劳动的人，永远谦虚的人。

有人说，人生在世，吃好、穿好、玩好是最幸福的。我觉得人生在世，只有勤劳，发愤图强，用自己双手创造财富，为人类的解放事业——共产主义贡献自己的一切，这才是最幸福的。

活动宣传

在全面推进素质教育的过程中，高举雷锋精神的旗帜，对中小学生的健康成长，具有特别重要而深远的意义。

1、升旗仪式

校少先队向全校师生发出"完善自我，服务他人，奉献社会"倡议，"学雷锋活动月"正式拉开帷幕。

2、宣传评比

充分利用学校的橱窗、黑板报等宣传阵地，开展宣传造势。同时举行"雷锋精神伴我成长"的主题板报比赛，各班围绕该主题出一期主题班报，校团委于3月15日前进行集中评比。

3、事迹发扬

校园广播站播读雷锋日记、校内外学雷锋先进事迹材料，播放学雷锋主题歌曲等，营造学雷锋活动氛围。

活动开展

1、学习雷锋精神，文明礼仪我先行

学校可开展"学习雷锋精神，文明礼仪我先行"活动，具体可安

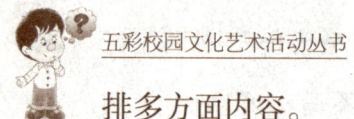

排多方面内容。

（1）学校组织召开"学雷锋"动员大会，国旗下的讲话。

（2）学校悬挂学雷锋标语，团委、各班黑板报出版、宣传学雷锋画张贴；组织各班出好学雷锋的手抄报。

（3）召开一次学雷锋主题班会、团会。时间定在3月10日；形式要多样，讨论会、辩论会、故事会、演讲会、学生论坛等。如讲雷锋的故事、背雷锋的名言、读雷锋的日记，论雷锋的精神。材料可到图书室借阅或上网查找。通过班、队、课的学习，让学生充分了解雷锋精神的含义。

要学习雷锋爱憎分明的政治立场，引导学生具有爱国主义、集体主义精神，热爱社会主义，继承和发扬中华民族的优秀传统和革命传统，加强孝敬父母、尊敬长辈以及爱身边的人的教育。

要学习雷锋全心全意为人民服务的人生观，无私奉献的价值观，引导学生形成正确的世界观与价值观，具有社会责任感，努力为人民服务。雷锋说过"人做一件好事并不难，难的是一辈子做好事"。学生要学习雷锋"火车行千里，好事一火车"那样时时处处做好事。

要学习雷锋的严于律己、孜孜以学的自我修养原则，培养学生科学严谨的学习方法和努力创新、大胆实践的精神，培养健壮的体魄和良好的心理素质，养成健康的审美情趣和生活方式。

要学习雷锋的"三个对待"，即对待同志要像春天般的温暖；对待工作要像夏天般的火热；对待个人主义要像秋风扫落叶一样。

（4）办好一期"学雷锋"黑板报，宣传雷锋事迹，倡导雷锋精神，学校要组织人员进行全校检查评比。

（5）继续开展"爱校月"活动，本着"立足校园，爱心暖社会"的原则，利用周末或课外活动时间组织团员至少开展一到两次具体活动。

（6）各班建立"学雷锋好人好事"档案，把学雷锋同学习现实中的先进人物相结合，引导同学们将学雷锋精神长期深入地延续下去。

（7）请各班团支部将《开展学雷锋活动情况汇报书》，含活动图片，于4月上旬交至团委，作为"五四"评优表彰的依据之一。

（8）要坚持常年学雷锋，要使学雷锋、学先进制度化、经常化。

（9）结合"植树节"，开展绿化、环保活动。常规要求：爱护环境卫生，不乱抛垃圾；爱护学校的花草树木，不随便踩草地；节约资源，不随便浪费水、电；积极参加各项有意义的绿化、环保活动。

年段要求：低年段的同学负责管好自己班内的保洁工作；高年段的同学负责自己班公共区的清洁以及拔除杂草的工作。

（10）参加学雷锋社会实践活动。在学生中开展学雷锋做好事活动。

（11）组织一个年段走出校园打扫街道活动；组织学生会干部清洗马路围栏等活动。

（12）开展一场"校园手拉手"募捐活动，向身边的贫困生伸出友谊之手。

各班级要认真总结本次主题教育活动，要将学雷锋活动与行为规范教育活动相结合、与革命传统教育相结合、与献爱心活动相结合、与社会实践活动相结合。让"雷锋"出现在新世纪的今天，让雷锋精神永驻校园。

2、弘扬雷锋精神，完善自己服务他人

"学雷锋"活动要立足本职，立足本校，使学雷锋深入到每个班级，从自我做起，从身边小事做起，像雷锋那样干一行爱一行，专一行，不流于形式。

（1）各班利用班会课举行"我与雷锋找差距——告别缺点，发掘优点"主题讨论会，引导全体同学在认真深入学习雷锋精神的同时，

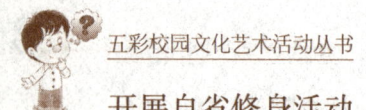

开展自省修身活动。

在严格自省、深刻反思的基础上充分挖掘自身优点,增强自信心,提高班级凝聚力,同时对自身在为人、处事、学习等方面存在的问题进行反思、改正,各班制订学雷锋活动计划,将学习雷锋精神活动真正落到实处。

(2)立足校园、立足身边,争做文明学生。要求学生全员参与,从日常做起,具体要求做到"十不"。即"不迟到、不早退、不旷课、不打架、不骂人、不吸烟、不喝酒、不随地吐痰、不乱扔纸屑、不破坏公物"。

立足学习,开展"一帮一"活动。要树立"敢为人先"的信心,"不甘落后"的决心,带出互帮互助、你追我赶的浓厚学习氛围,使每个同学的成绩都有大的提高。

(3)举办"爱心无限,快乐奉献"爱心义卖活动。号召全体学生将闲置的物品,如衣物、书籍、学习用品、生活用品等或自制小作品以班级为单位拿出来进行义卖,为爱心助学募集善款。并借此活动培养学生节约资源、关爱他人的道德品质,树立正确的理财观、价值观,提高社会交往能力,达到通过活动完善自我、促进成长的作用。

(4)继续开展"一帮一、一对多"爱心活动。倡导同学之间互帮互助,携手共进。不仅是在学习上相互促进,共同进步,也希望在生活和思想品德上互相影响共同提高,最终提升整个班集体、整个学校的良好风气。

(5)组织学生举办"我和雷锋的距离"校园文明状况图片展。在展出反应雷锋精神的图片的同时,展出学生中的一些文明行为照片,同时也展出一些不文明、不和谐行为的照片。通过对比,让学生意识到差距和不足,做到有则改之无则加勉。

(6)进行征文比赛。配合"我和雷锋的距离"校园文明状况图片

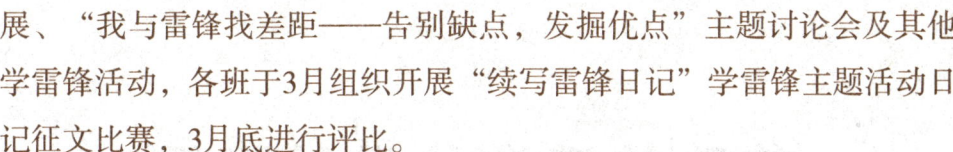

展、"我与雷锋找差距——告别缺点，发掘优点"主题讨论会及其他学雷锋活动，各班于3月组织开展"续写雷锋日记"学雷锋主题活动日记征文比赛，3月底进行评比。

3、弘扬雷锋精神，服务他人奉献社会

（1）大力开展青年志愿者活动。组织进行青年志愿者报名工作，大力组织开展青年志愿者服务活动。

（2）组织学生参加一些校外的公益劳动。如走进福利院看望老人，以实际行动去服务社会；走向市区进行清除白色垃圾；对校园进行一次彻底的大扫除，创建清洁文明校园。

活动总结

学校根据班级活动情况评比学雷锋先进班集体、先进个人。

3月底，学校进行"学雷锋活动月"情况总结，并总结材料，包括活动中照片、影像资料等。期末将根据这些学雷锋活动持续开展情况评选出"十佳学雷锋先进班级"，每个班级同时推评1名"学雷锋先进个人"，学校集中进行表彰公示。

劳动节活动的设计指导

节日由来

5月1日，是全世界劳动人民团结、战斗的重大节日，也是我国劳动人民的重大节日。

1886年，第一国际日内瓦会议喊出了8小时工作制的口号。1886年5月1日，美国芝加哥、纽约、波士顿、费城、华盛顿等地35万工人举行了规模空前的大罢工，要求改善工作条件，实行8小时工作制，罢工遭到资产阶级的血腥镇压。但是，在英、法、俄等国工人的声援下，

美国工人阶级终于赢得了8小时工作制的权利。这次罢工运动在国际工运史上具有重要意义。

为了纪念这次大罢工斗争，1889年7月14日，恩格斯领导的第二国际在巴黎召开的成立大会上，决定把象征工人阶级团结、战斗、胜利的5月1日定为"国际劳动节"，又称"劳动节"。从此，5月1日就成了全世界劳动人民团结战斗的节日。

我国工人阶级第一次大规模纪念"五一国际劳动节"是在1920年。新中国成立后，中央人民政府政务院明确规定每年5月1日为劳动节。

现在的每年这一天，全国人民举行各种庆祝集会和多样化的联欢活动，以发扬工人阶级的光荣传统、激发振兴中华的热情。

庆祝劳动节是各级组织的重点活动，一般都会集中全力组织好。

活动设计

1、庆祝五一游园会

游园会要办得规模盛大，内容丰富，形式多样，气氛热烈。要邀请劳动模范、先进生产者参加。

2、庆五一文艺晚会

晚会的节目内容除娱乐、欣赏外，宣传工人阶级主人翁精神、反

映工人斗争生活的节目要占一定的比例。

3、报告会

报告会可宣讲有关"五一"的来历、工人阶级的历史使命等问题。

4、工运史和当代中国工人风采展览

组织有关国际工人运动和我国工人运动的史料,以及当代中国工人的风采,以文字、图片等形式展览,起到教育和纪念作用。

5、拔河比赛

可增强相互之间的友谊和团结。一般适宜在"五一"当天举办,当天结束。

6、大型咨询活动

开展"劳动者权益保障"宣传,为劳动者撑起保护伞。

劳动节活动

每年的五一劳动节,学校可以开展多彩多样的活动共同庆祝这个有意义的假日。让师生在工作之余快乐身心,减轻工作和学习压力,过一个属于劳动者共同的节日。

1、教工乒乓球单打赛

4月15日至4月30日期间,通过比赛分别决出男子组和女子组前八名。活动共有多名教职工参赛。通过这种灵活的比赛活动形式,可以丰富和活跃教师的业余生活,在友好的比赛气氛中,增加了教师之间的思想交流,凝聚人心,达到以活动锻炼身体，愉悦心情，缓解工作压力的目的。

2、"校园之声"诗朗诵

4月30日下午，在学校多媒体教师的协助下，采用多媒体投影技术即舞台音像数据化管理技术，在灯光控制、音源美化、图像处理等方面，给广大师生展示一个绚丽多姿的光影舞台，为广大师生搭建一个计算机动画终端技术的介绍平台。同时也可以反映出多媒体教师在计算机实用技术的应用领域中运用自如的高超技术。通过这次活动，可以加深师生之间的感情，促进校园和谐。

3、迎五一篮球接力赛

4月26日至4月30日期间，篮球运球、投篮接力赛以团队形式参赛，竞争激烈。通过把这种轻强度、趣味性和合作型运动有机地结合在一起的活动形式，有利于带动中青年教师、男女教师参加比赛的积极性和兴趣性，有利于加强学校领导与教师之间、教师与教师之间的思想交流和情感沟通，有利于建设和谐的组织管理文化和校园忠诚文化，体现社会对新时代教师的素质要求，丰富和活跃教师的业余生活。

这些活动的开展既可以丰富教师业余文化生活，又活跃了教师的身心发展，更有助于调动广大教师职工参与的积极性，加强团结，增进友谊，增强学校的凝聚力，体现和谐校园的理念，使广大教师能以旺盛的精力和崭新的精神面貌投入到工作中去。

端午节活动的设计指导

节日由来

端午亦称端五,是我国最大的传统节日之一。"端"的意思和"初"相同,称"端五"也就如称"初五"。端五的"五"字又与"午"相通,按地支顺序推算,五月正是"午"月。又因午时为"阳辰",所以端五也叫"端阳"。五月五日,月、日都是五,故称重五,也称重午。

此外,端午还有许多别称,如夏节、浴兰节、女儿节,天中节、地腊、诗人节等等。端午节的别称之多,间接说明了端午节俗起源的歧出。事实也正是这样的。关于端午节的来源,时至今日有很多种说法。

1、纪念屈原说

此说最早出自南朝梁代吴均《续齐谐记》和南朝宗懔《荆楚岁时记》。据说,屈原投汨罗江后,当地百姓闻讯马上划船捞救,一直行至洞庭湖,始终不见屈原的尸体。那时,恰逢雨天,湖面上的小舟一起汇集在岸边的亭子旁。当人们得知是为了打捞贤臣屈大夫时,再次冒雨出动,争相划进茫茫的洞庭湖。为了寄托哀思,人们荡舟江河之上,此后

才逐渐发展成为龙舟竞赛。百姓们又怕江河里的鱼吃掉他的身体,就纷纷回家拿来米团投入江中,以免鱼虾糟蹋屈原的尸体,后来就成了吃粽子的习俗。看来,端午节吃粽子、赛龙舟与纪念屈原相关,有唐代文秀《端午》诗为证:"节分端午自谁言,万古传闻为屈原。堪笑楚江空渺渺,不能洗得直臣冤。"

2、纪念伍子胥说

端午节的第二个传说,在江浙一带流传很广,是纪念春秋时期的伍子胥。伍子胥名员,楚国人,父兄均为楚王所害,后来子胥走头无路,奔向吴国,助吴伐楚,五战而入楚都郢城。吴王阖庐死后,其子夫差继位,吴军士气高昂,百战百胜,越国大败,越王勾践请和,夫差许之。

子胥建议,应彻底消灭越国,夫差不听,吴国宰相,受越国贿赂,谗言陷害子胥,夫差信之,赐子胥宝剑,子胥以此死。子胥本为

忠良，视死如归，在死前对邻舍人说："我死后，将我的眼睛挖出悬挂在吴京之东门上，以看越国军队入城灭吴"，便自刎而死，夫差闻言大怒，令取子胥之尸体装在皮革里于五月五日投入大江，因此相传端午节亦为纪念伍子胥之日。

3、纪念孝女曹娥说

端午节的第三个传说，是为纪念东汉孝女曹娥救父投江。曹娥是东汉上虞人，父亲溺于江中，数日不见尸体，当时孝女曹娥年仅14岁，昼夜沿江号哭。过了十七天，在五月五日也投江，五日后抱出父尸。就此传为神话，继而相传至县府知事，令度尚为之立碑，让他的弟子邯郸淳作诔辞颂扬。

4、古越民族图腾祭说

近代大量出土文物和考古研究证实，长江中下游广大地区，在新石器时代，有以一种几何印纹陶为特征的文化遗存。

该遗存的族属，据专家推断是一个崇拜龙的图腾的部族，史称百越族。出土陶器上的纹饰和历史传说示明，他们有断发纹身的习俗，生活于水乡，自比是龙的子孙。其生产工具，大量是石器，也有铲、凿等小件的青铜器。作为生活用品的坛坛罐罐中，烧煮食物的印纹陶鼎是他们所特有的，是他们族群的标志之一。

直到秦汉时代尚有百越人，端午节就是他们创立用于祭祖的节日。在数千年的历史发展中，大部分百越人已经融合到汉族中了，其余部分则演变为南方许多少数民族，因此，端午节成了全中华民族的节日。

5、恶日说

《史记·孟尝君列传》中记载历史上有名的孟尝君，是在五月五日出生的，其父要其母不要生下他，认为"五月子者，长于户齐，将不利其父母。"

《风俗通》佚文，"俗说五月五日生子，男害父，女害母"。《论衡》的作者王充也记述："讳举正月、五月子；以正月、五月子杀父与母，不得举也。"东晋大将王镇恶五月初五生，其祖父便给他取名为"镇恶"。

宋徽宗赵佶五月初五生，从小寄养在宫外。可见，古代以五月初五为恶日，是普遍现象。

从先秦以后，五月五日均被视为不吉之日，人们在此日插菖蒲、艾叶以驱鬼，薰苍术、白芷和喝雄黄酒以避疫，就是顺理成章的事。

6、龙的节日说

这种说法来自闻一多的《端午考》和《端午的历史教育》。他认为，五月初五是古代吴越地区"龙"的部落举行图腾祭祀的日子。其主要理由是端午节两个最主要的活动是吃粽子和竞渡，都与龙相关。

粽子投入水里常被蛟龙所窃，而竞渡则用的是龙舟。竞渡与古代吴越地方的关系尤深，况且吴越百姓还有断发纹身"以像龙子"的习俗。古代五月初五有用"五彩丝系臂"的民间风俗，这应当是"像龙子"的纹身习俗的遗迹。

7、夏至说

持这一看法的刘德谦在《"端午"始源又一说》和《中国传统节日趣谈》中，提出三个主要理由，权威性的岁时著作《荆楚岁时记》并未提到五月初五要吃粽子的节日风俗，却把吃粽子写在夏至节中。

至于竞渡，隋代杜台卿所作的《玉烛宝典》把它划入夏至日的娱乐活动，可见不一定就是为了打捞投江的伟大诗人屈原。端午节风俗中的一些内容，如"踏百草"、"斗百草"、"采杂药"等，实际上与屈原无关。岁时《风物华纪丽》对端午节的第一个解释是："日叶正阳，时当中。"即端午节正是夏季之中，故端午节又称为天中节。

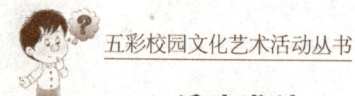

活动设计

端午节可以让学生充分了解各地在端午节里各种各样的风俗习惯，增加学生学习的兴趣，了解节日的渊源、形成民间各种不同的庆祝方式，以及其中所承载的中国所独有的文化内涵。

通过活动可以充分体会班级就是一个大家庭，人人都是这个大家庭的成员，应该相互关心，相互爱护；增强学生爱父母、爱家乡、爱祖国的感情。同时使学生初步理解中国传统节日中所蕴含的文化内核，真正了解节日，了解我国传统文化，帮助青少年增强科学节日文化理念，弘扬创新节日文化，让节日真正给学生带来快乐与幸福。

1、知识问答

关于端午节的名称、起源及节日风俗习惯等相关知识进行比赛，通过了解家乡过端午节的风俗习惯，激发学生热爱家乡、热爱祖国的情感，体会家庭欢乐、生活甜美的幸福。

通过对节日的了解使学生感受中国文化的特点。培养学生搜集、整理、比较、分析和运用资料的能力，以及语言概括和表达能力。

2、诗歌朗诵

激情朗诵有关端午节诗歌，讲述关于端午节的传说与民间故事，表达共同的最美好、最传统的愿望。

3、做粽子、香袋

学校可组织活动，设计别致、精美的粽子和香袋，让学生感受粽子的香甜和香袋的美。可以学习用折纸做五彩粽，体验劳动和分享的乐趣。

相关知识

我国过端午节较为隆重，庆祝的活动也是各种各样。

1、赛龙舟

赛龙舟，是端午节的主要习俗。相传起源于楚国古时楚国人因舍不得贤臣屈原投江死去，许多人划船追赶救援。他们争先恐后，追至洞庭湖时，屈原已不见踪迹。

之后每年的五月五日划龙舟以纪念之。借划龙舟驱散江中之鱼，以免鱼吃掉屈原的身体。竞渡之习，盛行于吴、越、楚。

其实，"龙舟竞渡"早在战国时代就有了。在急鼓声中划龙形的独木舟，做竞渡游戏，以娱神与乐人，是祭仪中半宗教性、半娱乐性的节目。后来，赛龙舟除纪念屈原之外，在各地人们还赋予了不同的寓意。

不同民族、不同地区，划龙舟的传说有所不同。直到今天在南方的不少临江河湖海的地区，每年端午节都要举行富有自己特色的龙舟竞赛活动。

此外，划龙舟也先后传入邻国日本、越南及英国等。1980年，赛龙舟被列入中国国家体育比赛项目，并每年举行"屈原杯"龙舟赛。

2、端午食粽

端午节吃粽子，这是我国人民的又一传统习俗。粽子，又叫"角黍"、"筒粽"。其由来已久，花样繁多。

每年五月初，我国百姓家家都要浸糯米、洗粽叶、包粽子，其花色品种更为繁多。从馅料看，北方有多包小枣的北京枣粽；南方则有豆沙、鲜肉、火腿、蛋黄等多种馅料，其中以浙江嘉兴粽子为代表。吃粽子的风俗，千百年来，在中国盛行不衰，而且流传到朝鲜、日本及东南亚诸国。

3、佩香囊

端午节小孩佩香囊，传说有避邪驱瘟之意，实际是用于襟头点缀装饰。香囊内有朱砂、雄黄、香药，外包以丝布，清香四溢，再以五色丝线弦扣成索，做各种不同形状，结成一串，形形色色，玲珑可爱。

4、悬艾叶菖蒲

民谚说："清明插柳，端午插艾。"在端午节，人们把插艾和菖蒲作为重要内容之一。家家都洒扫庭除，以菖蒲、艾条插于门楣，悬于堂中；并用菖蒲、艾叶、榴花、蒜头、龙船花，制成人形或虎形，称为艾人、艾虎；制成花环、佩饰，美丽芬芳，妇人争相佩戴，用以驱瘴。

艾，又名家艾、艾蒿。它的茎、叶都含有挥发性芳香油。它所产生的奇特芳香，可驱蚊蝇、虫蚁，净化空气。中医学上以艾入药，有理气血、暖子宫、祛寒湿的功能。将艾叶加工成"艾绒"，是灸法治病的重要药材。

菖蒲是多年水生草本植物，它狭长的叶片也含有挥发性芳香油，是提神通窍、健骨消滞、杀虫灭菌的药物。

可见，古人插艾和菖蒲是有一定防病作用的。端午节也是自古相传的"卫生节"，人们在这一天洒扫庭院，挂艾枝，悬菖蒲，洒雄黄水，饮雄黄酒，激浊除腐，杀菌防病。这些活动也反映了中华民族的优良传统。端午节上山采药，则是我国各民族共同的习俗。

青年节活动的设计指导

"五四"运动体现的爱国主义精神，是中华民族百折不挠、自强不息的民族精神的生动写照，是中国几千年来发展和进步的重要力量源泉。

节日由来

"五四"青年节起源于1919年北京的5月4日学生运动。1918年11月11日，延续4年之久的第一次世界大战以英、美、法等国的胜利和德、奥等国的失败而告终。

1919年1月，获胜的协约国在巴黎凡尔赛宫召开和平会议，中国作为战胜国参加会议。会上，中国代表提出废除外国在华特权、取消"二十一条"等正当要求，但均遭拒绝。非但如此，会议竟决定由日本接管德国在华的各种特权。

对这丧权辱国的条约，腐败无能的北洋政府代表居然准备签字承认。消息传来，举国震怒，群情激愤，以学生为先导的五四爱国运动如火山爆发。

5月4日下午，北京3000多名学生在天安门前集会游行，高呼"还我青岛"、"外争国权，内惩国贼"等口号，呼吁各界人士行动起来，反对帝国主义的侵略行径，保卫中国的领土和主权。

这一运动得到了工人和各阶层人士的声援和支持，上海、南京等地的工人纷纷举行罢工或示威。在全国人民的压力下，北洋政府被迫

释放被捕学生，罢免曹汝霖等人的职务，并指令参加巴黎会议的代表拒绝在和约上签字。

"五四"运动是一次彻底的、不妥协的反帝反封建的爱国运动，充分显示了中国青年的革命精神和力量，它促进了马克思主义与中国工人运动的结合，造就了一批具有初步共产主义思想的知识分子，为中国共产党的建立做了思想上、干部上的准备。

为继承和发扬"五四"运动的光荣传统，1939年，陕甘宁边区西北青年救国联合会规定5月4日为中国青年节。1949年12月23日，中央人民政府政务院正式规定5月4日为中国青年节。

以后每年的这一天，全国各地都要举行各种适合青年特点的纪念活动，开展丰富多彩的文体活动，庆祝青年们的节日。

相关知识

1、青年修养

坚定，但不固执；活泼，但不轻浮；

勇敢，但不鲁莽；沉着，但不寡断；

机警，但不多疑；豪放，但不粗鲁；

老实，但不愚蠢；忍让，但不软弱；

谨慎，但不胆小；自信，但不自负；

自谦，但不自卑；自强，但不自骄；

自珍，但不自赏；自爱，但不自娇；

紧张，但不忙乱；严肃，但不呆板；

随和，但不失度；幽默，但不庸俗；

爱说，但不狡辩；爱动，但不越轨。

2、名人话青春

李大钊：青年者，人生之王，人生之春，人生之华也。

高尔基：青春是有限的，智慧是无穷的，趁短暂的青春，去学无穷的智慧。

伏尔泰：要在这个世界获得成功，就要坚持到底，剑到死都不能离手。

奥斯特洛夫斯基：人的一生应该是这样度过的：当回忆往事的时候，他不至于因为虚度年华而痛悔，也不至于因为碌碌无为而羞愧。这样，在临死的时候，他能够说："我的整个生命和全部精力，都已经献给世界上最壮丽的事业——为人类的解放而斗争。"

苏轼：古之立大事者，不唯有超世之才，亦必有坚忍不拔之志。

活动开展

为进一步引导广大青年学生深入了解共青团历史，坚定跟党走建设中国特色社会主义道路信念，充分发挥党的助手和后备军作用，积极投身教育、健康、持续、和谐发展的大潮。学校可在"青年节"开展以"承五四精神，扬青春风采"为主题的纪念系列活动。

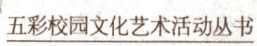

1、承五四精神，扬青春风采

以加强班级团组织建设为基础，通过开展主题纪念系列活动，回顾共青团的光辉历程，展望新形势下共青团的发展前景，进一步增强团员青少年的政治意识和服务意识。

各班团组织要紧密围绕纪念活动的主题，做好各方面的工作。

（1）举办纪念中国共青团成立多年的图片展。为满足广大团员青年了解中国共青团的发展历程和取得的突出成绩的要求，校团委可利用橱窗举办"共青团发展历程及青年教育图片展"。

通过学习团的知识和团的历史，引导广大团员青年继承和发扬共青团的光荣传统，紧密团结在党的周围，自觉跟党走中国特色社会主义道路。

（2）高年级同学可开展"今天，我们怎样成长"青春主题征文活动。通过向全校团员进行征文，每篇不少于800字，加强对青少年思想动态和关注热点的把握，增强团员青年的自豪感与凝聚力。

各班级于5月8日准时上交，并评出一、二、三等奖各三名。每班征文不少于2篇，每少一篇当月该班级量化管理扣1分。

（3）开展团史知识手抄报竞赛活动。让广大青年团员加强对中国共产主义青年团团情和团史的学习，使团员们对团的发展历史和有关团的基本知识有较全面的掌握，从中明白作为团员的基本权利和义务，对团的性质和职能有较为更深层次的认识。

各班团支部将本班作品于5月8日上交，并评出校一等奖3名，二等奖6名，每班作品不少于5张，每少一张当月该班级量化管理扣1分。

（4）各班级出一期"知晓团史"黑板报。各班于5月8日之前完成此项工作。务必贴近主题，宣传深入。届时评委现场打分，评选结果纳入当月班级量化考核。

（5）举行"迈入青春门，走好成人路"宣誓仪式。进一步激发广

大青少年学生的爱国意识、公民意识和社会责任感，有利于健康成长。

（6）积极参与团区委组织的"承传统、展风采、促和谐"系列活动。

各班团支部要自觉参与到纪念活动的各种事项中来，充分调动团员青少年的积极性，抓好宣传、发动、组织、落实等各项工作，营造浓厚的纪念活动氛围，扩大共青团的影响力和号召力。

各班还应自行组织开展一系列有纪念意义、青少年喜闻乐见的活动。同时，注意收集与活动相关的文字资料，图片积极上报活动情况。

2、五四入团仪式活动

（1）入团组织

4月8日至4月14日为各班宣传阶段，学部组织相关宣传资料，并分发各班。各班主任利用班会等时间，在各班大力宣传五四精神，及团的知识。

4月15日至4月22日，积极鼓励学生递交入团申请书。

4月23日至5月2日对递交入团申请书的同学进行考察，并确定入团学生，做好入团前的各项准备工作。

5月3日，举行入团仪式。

（2）入团仪式

在"五四"来临之际，为加强学生的荣誉感和责任感，学校校团委举行新团员入团宣誓仪式。

播放共青团歌《光荣啊，中国共青团》；面向全体同学宣布新团员名单；向新团员颁发团员证并佩戴团徽；组织新团员宣誓；新团员代表发言；总结发言。

3、记录洋溢青春

（1）作文竞赛

以"快乐成长"为话题的青春主题征文活动。要求从自己的生活

经历和生活感悟出发写一篇记叙文，内容健康，思想积极，有真情实感，每篇不少于800字。

4月7日晚上6点，在学部会议上学习活动方案，宣传动员，各班积极准备。

4月8日至4月25日，由语文老师在各班组织，初选出5篇作品上交语文教研组。

4月26日至4月30日，各班上交的作品由语文老师集体打分，评选出6篇作品获奖。

（2）朗诵比赛

以"国学经典诵读"的内容为范文，语文老师酌情安排恰当的内容。

4月8日至4月30日，由语文老师选定好内容，并配合班主任在各班做好充分的组织准备工作，并适时组织统一排演。

5月4日当天举行全校朗诵比赛，由评委组现场打分评出各类奖项。

评分标准：主题鲜明积极向上，精神饱满，姿态得体大方，精心着装；吐字清晰，声音宏亮，正确把握朗诵节奏；感情饱满真挚，富于激情，表达流畅；能正确把握朗诵内容，声情并茂，朗诵富有韵味和表现力。

奖项设置：一等奖1名、二等奖1名、优秀奖1名，优秀组织奖1名。

4、五四青年杯中学生知识竞赛

为了纪念"五四"运动，弘扬"五四"爱国、民主、科学精神，加强青少年的思想道德建设，促进青少年健康成长，营造良好的校园文化气氛，结合共青团和学生学习实际，举办有关团的认识、政治和历史基础知识方面的知识竞赛。

4月中、下旬，在各班教室进行初赛，校会议室进行决赛。由高年级同学参加。活动流程和要求如下：

在4月18日前，每个参赛班级由班主任负责，根据下发的考试范围自行组织初赛，并选拔5名同学组成一支参赛代表队参加决赛。

各班主任要求在4月19日之前将参赛代表成员名单提交。

各班参赛代表4月24日活动课到校会议室参加决赛。

竞赛以有关团的认识、政治和历史基础知识方面的知识等方面为内容。

比赛结束后公布成绩，并于5月3日颁发奖状、奖品。

试卷结构：设计团知识、政治法律常识、历史基础知识，学校可自行设定内容比例。

奖项设置：一等奖1名，二等奖2名，三等奖3名，鼓励奖4名。

母亲节活动的设计指导

节日由来

世界上许多国家都有"母亲节",都以每年5月的第二个星期日作为"母亲节",以歌颂世间伟大的母亲,纪念母亲的恩情,发扬孝敬母亲的道德风尚。

"母亲节"的创始人是美国的安娜·贾维丝。1906年安娜·贾维斯的母亲突然去世后,她决定实现母亲的遗愿,为创立母亲节四处奔走。1914年,美国国会通过决议并由威尔逊总统亲自签署,将每年5月

的第二个星期日定为母亲节,并以康乃馨花作为母亲节的象征。

节日期间,家庭成员都要做使母亲欢心的事,并向母亲赠送礼物,表示祝贺。当年的美国总统威尔逊还规定:母亲节那天,家家户户应悬挂国旗,以示对母亲的尊敬。

我国广东省妇联于1988年倡议:每年5月第二个星期日为母亲节,也得到了全社会的响应。近年来,全国各地逐渐开始过"母亲节"。

活动设计

母亲节来临之际,为进一步加强学生思想道德教育,弘扬中华民族孝敬父母的传统美德,学校可以开展纪念母亲节感恩教育主题活动。

通过调查访谈、评比展示、亲情交流、体验感悟等一系列实践活动,引导学生从理解、关心父母开始,弘扬孝敬父母、珍视亲情的传统美德,培养感恩的心,学会关爱他人,尊敬师长,与他人和谐共处。并从亲身体验感悟中,培养对家庭、对父母、对亲人有热爱、有责任、愿奉献的良好情感,以此激发学生的学习热情,提升学生的道德素质。

1、慰问活动

开展慰问母亲活动,让所有成为母亲的教师感到作为一名母亲的光荣与伟大。

学生可自制一份感恩母亲亲情档案,送给妈妈一个开心!每一个母亲都记得孩子的生日爱好,以及其他每一个重要的日子,又有多少孩子了解妈妈的生日和爱好呢?把《不知道的世界我的妈妈》中的内容仔细地收集起来,把它记录在自制的亲情卡上,送给妈妈一份意外的开心!

向母亲道一声感谢和祝福,送给妈妈一份温馨!母亲节前夕,对妈妈说一句真诚感谢和祝福的话,妈妈不在身边的,可以通过打电话、发短信、写信、发邮件等形式向妈妈送上节日的问候和祝福。

为母亲做一件力所能及的家务，给妈妈一个舒心！给妈妈倒一杯热茶，为妈妈洗一次脚，给妈妈捶捶背，或者帮妈妈做一顿饭，擦一次玻璃，拖一次地，洗一回碗，叠一次衣服，整理一回房间等。

搜集一个我和妈妈的故事，送妈妈一份欢欣！孩子成长的每一步，都饱含着妈妈的深切关爱和无私付出。搜集一个和妈妈间发生的感人至深的故事，讲给同学、老师和家长听，让他们感到你长大懂事了。

2、小型演出

以"母爱"、"歌颂母亲"为主题，举办一次小型文艺演出，以发扬尊重母亲的好传统、好风尚。观看纪录片《生命》，使学生知道"我"是从哪儿来的，让学生从纪录片中感受到母亲孕育、生育、养育孩子的艰辛和不易，从而懂得感恩。有条件的班级可以邀请部分学生家长一起观看。

3、朗诵比赛

挑一些以歌颂母亲为主题的文章诗词，举办一次朗诵比赛，以激发尊重母亲、爱戴母亲的良好风尚，或者齐唱歌颂母亲的歌。

4、联欢会

专门为一定范围内已成为母亲的教师或者学校职工举办联欢活动。

相关知识

1、孟母断织教子

孟子是战国时期的大思想家，儒家思孟学派的代表人物,与孔子并称为"孔孟"。孟子的成才,与他母亲的关心教育是分不开的。

有一天,孟子逃学跑回家来。孟母正在织布,见儿子逃学回家,很生气。为了教育孩子,她拿起剪刀把刚织好的布剪断了。孟子见状非常惊讶,便问母亲为什么这样做。

孟母说:"你中途停学,和我中途断织是一样的事。君子只有经过学和问才能有广博的知识,以后做事才顺利。现在你未到放学时间就跑回家,将来怎么会有出息?好比我们家是靠我织布为生一样,现在我把布机上的布剪断了,全家吃饭和穿衣的来源也就都断了。"

母亲的劝告给孟子很大的震动。从此,他下定决心,刻苦学习,并拜子思为师,以继承孔子学说为己任,终于成为了我国古代著名的思想家。

2、田母训子

战国时期,一个下级官吏想从齐国丞相田稷子那里得到好处,于是花言巧语,将二千两黄金"送"给了田稷子。田稷子将钱拿回家,田母觉得可疑。

当母亲问明原因后便对田稷子说:"我听说,读书人应当有道德修养,行为要纯洁,不取不应得的报酬,不拿不义之财。现在,你身为齐王宠臣,俸禄也很优厚。你应当把国家的事办好。作为一名大臣,应当把所有的能力都拿出来治理国家,忠于职守,至死不变,同时,还要廉洁公正。这样办事才能顺利,自己也可以避免灾祸。而你的做法,正好相反。你怎么能对得起齐王对你的信任呢?"

田母还说:"做大臣不忠,和做儿子不孝一样。不义之财,我不能要;不幸的儿子,我也不能要!"

田稷子听了母亲的这番教训,非常惭愧。他当即把受贿的钱全部退回,并当面向齐宣王请罪。齐宣王知道后,对田母大加赞赏,并赦免了田稷子的罪。

儿童节活动的设计指导

节日由来

每年的6月1日是"国际儿童节",是全世界儿童的节日。

1949年11月,国际民主妇女联合会为保障全世界儿童的权利、反对帝国主义战争贩子虐杀、毒害儿童,在莫斯科召开的国际民主妇女联合理事会议上做出决定,把每年的6月1日定为国际儿童节。

我国自1932年起,由中华慈幼协会提议,曾以每年的4月4日为儿童节。新中国建立后,1949年12月中华人民共和国政务院做出决定,

把我国儿童节与国际儿童节统一起来,将每年的6月1日定为儿童节。

儿童节这一天,全国小学的少年儿童放假庆祝,开展各种联欢活动,让我国的少年儿童与全世界儿童一起,欢庆自己的节日。

活动设计

在孩子们迎来自己的节日即"六一"儿童节之际,让孩子拥有一个好心情,相互得到美好的祝福。学校可以举办活动引导孩子们一起用真心换友谊,快乐过"六一"。

1、联欢活动

组织各种形式的、具有知识性、趣味性特点的联欢会,如游艺联欢会、趣味联欢会等。

将自己最真心、最真情的祝福传递给亲密的同学、陌生的朋友、遥远的地球小公民……所有你想祝福的同班级、同年级、同学校甚至同一片蓝天下的小伙伴或大朋友们。可以用书信、卡片、短信、图画等形式传递自己的美好祝福。

2、电影晚会

学校可以选择适合少年儿童特点,有利于他们健康成长而富有教育意义的影片放映。

3、文艺演出

组织一场有歌舞、曲艺、戏剧组成的文艺晚会,最好是少年儿童自己演出的节目,富有亲切感、趣味性。

4、英雄见面会

邀请部队战斗英雄和模范先进人物,让少年儿童与他们见面,或举行英雄报告会,用英雄们的爱国主义集体主义思想和英雄事迹教育少年儿童。

5、小发明展览会

收集少年中的小发明、小科技、小革新、小创作,举办"少年科

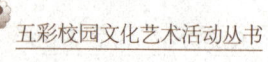

技成果展览"，可培养他们重视科学、热爱科学的思想情操。

相关知识

1、最早的幼儿园

世界上最早的一所幼儿园是1802年由英国最著名的空想社会主义者罗伯特·欧文在苏格兰的纽兰纳克建立的，当时称为幼儿学校。这所学校的指导思想是愉快而健康的生活条件和有趣味的活动。到19世纪后半期，许多国家相继设立了幼儿园。

2、爱迪生"孵小鸡"

爱迪生是20世纪美国最著名的发明家。他自幼好问，勤于动脑，喜爱琢磨，遇事爱寻根问底，好奇心特强。

在爱迪生5岁的时候，有一次他看见一只母鸡在鸡窝里，便问妈妈："鸡把蛋放在屁股底下坐着干吗？"妈妈告诉爱迪生说："这是鸡妈妈怕蛋着凉，给它们暖和暖和。"

"蛋为什么要暖和呢？"

"这是为了孵小鸡。"

听了妈妈的话后，爱迪生想：母鸡把蛋放在屁股底下可以孵出小鸡来，那人坐在蛋上也能孵出小鸡来。他决心试一试。于是，他从厨房里拿了几个鸡蛋，躲到邻居家的仓库里，用碎布、烂草做了个小窝，把蛋放在里面，自己蹲在上面，认认真真地孵起小鸡来。

教师节活动的设计指导

节日由来

9月10日是我国的教师节。

尊师重教是中华民族的光荣传统。早在商代，甲骨文里已有"师"字，是"掌教者"之称。《尚书》说："天降下民，作为君，作之师。君、师并列可谓职业之崇高。"荀子认为："礼有三本，天地者，治之本也。"他把"师"作为五尊之一。可见，那时，尊师已达到了相当高的程度。

我国的"教师节"历经了四次。

第一次是1931年5月，由教育部邰爽秋、程其保等发起，联络京沪教育界人士，拟定每年的6月6日为"教师节"，并发表了《教师节宣言》。同时提出改良教师待遇、保障教师地位、增进教师修养三大目标，并于1931年6月6日在南京中央大学举行了第一次庆祝活动。当时的国民党政府虽然没有承认，但也没有反对。这在当时还是有一定影响的，同时"苏区"也曾集会庆祝教师节。

第二次是1939年，国民党政府决定以中国教育家孔子的诞辰日8月27日为教师节，同时颁布了《教师节纪念暂行办法》。后来因为进入全面抗战，未能在全国推行。

第三次是1951年，由教育部和全国总工会共同商定，废除"八·二七"教师节，将教师节与"五一"国际劳动节合并。但因某

些原因，"教师节"政策没能很好地施行。

第四次是1985年1月21日，第六届全国人民代表大会常务委员会第九次会议通过国务院为提高教师的地位、发挥全国教育工作者的积极性，向人大提议重新建立教师节的议案，决定将每年9月10日作为我国的教师节。

活动设计

通过隆重开展教师节系列庆祝活动，营造尊师重教和改革奋进的良好氛围，进一步激发全校教职员工"爱我学校，无私奉献"的精神，充分体现学校对教职员工的关怀和对建设杰出教工队伍的重视。

1、教师大联欢

教师节前后学校可以举办规模较大的教师游园会。开展体育、游艺、舞会、娱乐等多种形式的联欢活动，使活动具有知识性和娱乐性。校内悬挂横幅："感恩师德，祝福老师！"专设庆祝教师节专题广播。包括先进集体、个人事迹、尊师歌曲、古今故事、老师寄语、学

生及家长贺词信件，播放歌颂教师的歌曲等。

2、举办展览会

举办《优秀教师事迹展览》，宣传优秀教师忠于党的教育事业和精心培育下一代的先进思想和事迹，并做好参观者的组织工作。组织庆祝教师节以"感谢师恩"为主题的书法、绘画和贺卡作品展。

3、学生感恩活动

早晨组织校礼仪队和学生干部在校门口迎接教师到校，祝福每位教师。每节课前，全班同学起立向老师问好、送出节日的祝福，为老师们送上亲手制作的小礼物。

课余时间，组织学生参加学校"老师，我想对您说"的校园留言活动。将自己对老师的感激之情写在形状不同的小卡片上，贴在放置在学校文化处的宣传板上。下午班会课，组织"感恩老师"主题班会。各系德育主任和各班班主任负责。

4、文艺晚会

演出的节目内容要突出，形式要活泼，最好由专业和业余文艺工作者以及教师同台演出，以制造尊师重教气氛。也可以每个年级组一个节目，音乐老师每人一个节目，或者新进教师每人一个节目。

国庆节活动的设计指导

节日由来

10月1日是中华人民共和国诞生的光辉日子,是举国欢庆的盛大节日。

自1921年中国共产党在上海成立,到1949年4月23日中国人民解放军占领南京,宣告了延续22年的国民党反动统治的覆灭,中国共产党为新中国的诞生做出了不可磨灭的贡献。

1949年9月21日至1949年9月30日，中国人民政治协商会议在北平召开，毛泽东主席在开幕词中豪迈地宣告：占人类总数四分之一的中国人从此站起来了。

10月1日下午2时，中华人民共和国中央人民政府委员会在北京举行了第一次会议。中央人民政府主席、副主席和委员宣布就职，同时，任命了党和国家的主要领导人。下午3时，中华人民共和国开国大典在北京天安门广场隆重举行，在首都有30万军民参加了大典。

林伯渠宣布典礼开始，在群众的欢呼声中，毛泽东主席庄严宣告："中华人民共和国中央人民政府今天成立了。"他亲手升起了第一面五星红旗。这时，54门礼炮齐鸣28响，万众欢腾，广场上响起了春雷般的欢呼声。接着举行了阅兵式，朱德总司令检阅了人民解放军陆海空三军受阅部队。

1949年12月3日，中央人民政府委员会通过决议，每年10月1日为中华人民共和国国庆节。

为了欢庆这个一年一度的日子，全国各族人民都要举行各种极其热烈、丰富多彩的庆祝联欢活动，表达对祖国的热爱。逢五逢十年份，还要举行阅兵式或群众游行的盛大活动。

活动设计

国庆节期间举办活动，可以充分展示学生的才华，增强集体的凝聚力，丰富学生的业余文化生活，陶冶爱国主义情操。

1、国旗下讲话

升旗仪式和国旗下讲话，都是激发学生爱国主义情感的契机。随着国旗的冉冉升起，奏起雄壮的国歌，全体学生行规范的队礼，洪亮的歌声，学生雄壮有力的讲话，可以使爱国主义情感在学生心中升腾。

2、唱国歌比赛

唱国歌比赛可以掀起国庆系列活动的高潮。这样学生可以充分地

体会团结与合作、互相配合的精神。无论从上场到下场，那些一丝不苟的动作、雄壮的声音、微笑的面孔都可以展示学生的风采。

3、图片的展览

学校可以运用形象化的形式，以照片、图表、文字等方式宣传现代建设成就和全国人民建设现代化的热情；也可举办品种多样、内容丰富的专题邮票展览。

4、作品书画展

举办歌颂祖国不断进步，人民生活不断提高的诗歌朗诵会；也可举办表现祖国新风貌的书画展览。

学校可以举行手抄报比赛和画画比赛，这样可以充分发挥学生的想象力和创造力。从画面的精美、布局的合理、字体的端正等方面，对学生都可以有很好的提高。

5、办焰火晚会

国庆晚上选择合适的场地，燃放五彩缤纷的焰火，可增强节日气氛。注意一定要有安全措施。

相关知识

1、五星红旗

五星红旗是中华人民共和国国旗，是由当时的上海市合作总社调研科长曾联松设计的。

国旗由红色的旗面和黄色的五星组成，长与高比为3：2，旗杆套为白色。红色表示热烈，似红霞一片，象征革命；黄色表示五颗金星闪闪发光，象征光明。5颗金星镶嵌在红旗的左上方，一星较大，居左；4星较小，环拱于大星之右，并各有一个角尖正对大星的中心，寓意为全国人民心向共产党。

大五角星代表中国共产党，4个小五角星代表工人阶级、农民阶级、城市小资产阶级和民族资产阶级。5颗五角星的相互关系象征中国共产党领导下的革命人民团结和人民对党的衷心拥护。

1949年9月27日，中国人民政治协商会议第一届全体会议通过决议："中华人民共和国的国旗为红色五星旗，象征中国革命人民大团结。"

2、国家主席

中华人民共和国主席由全国人民代表大会选举产生，并与全国人民代表大会常务委员会相结合，行使国家元首职权。

3、国歌

我国的国歌是《义勇军进行曲》，创作于1935年，由田汉作词，聂耳谱曲。

当时，《义勇军进行曲》是影片《风云儿女》的主题歌。1949年9月27日中国人民政治协商会议第一届全体会议决定在中华人民共和国的国歌未正式决定前，以《义勇军进行曲》为国歌。

《义勇军进行曲》曲调激越，节奏铿锵有力，歌词反映了我国人民的革命传统，体现了居安思危的思想，激励着全国人民的爱国主义精神。

4、礼炮

礼炮起源于前膛炮时代。前膛炮从炮口装填火药与炮弹，装一次放一下。当战舰进入外国港口时，为了表示友好，要把舰上的炮弹全部放掉。当时的旗舰有21门炮，战舰19门炮，全部放完就是21响或19响。所以，现在很多国家在国庆大典或迎送外国元首时，一般也鸣礼炮21响或19响。

我国的开国大典鸣礼炮28响，是对中国共产党28年历史的礼赞。

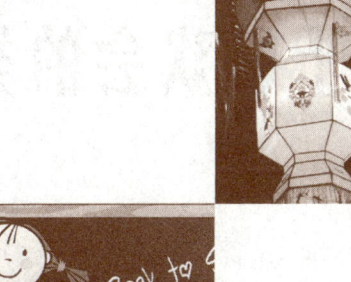

NO3. 学校联欢活动的组织指导

关于联欢会的类型说明

一般说来，有一定人数参加的，举行的以文艺、体育、游戏等多种形式为活动内容的集会，均可称之为联欢会。

联欢会是日常生活中不可分割的组成部分，它可以使人们在紧张的生活节奏里得到娱乐、欢慰和休息。组织好各种类型的晚会，是一项重要工作。

文艺晚会

简单地说，文艺晚会就是以各种艺术形式组成的演出活动，供人

们观看和欣赏。

文艺晚会的组织工作要细致严密,在组织晚会和选择节目上都要有明确的主题和健康的思想内容,才能起到宣传作用。同时还要注意使节目具有鲜活的艺术形式,才能引人入胜,使人们在轻松愉快的娱乐之中,陶冶性情。

1、类型及形式

文艺晚会大致可以分为两种类型:一种是专题晚会;一种是综合晚会。

所谓专题晚会,是指晚会的节目有中心,有主题。这种晚会大都是为了配合某一中心任务而专门组织以各种形式的艺术表演晚会。如以歌颂党或歌颂祖国为专题的独唱音乐会;以振兴中华为专题的歌舞专场晚会;以节约能源为中心的文艺汇演等。

这类专题晚会一般政治性较强,所编选的节目内容要慎重审定,演出要严肃认真,演员的演技要熟练,能给观众以深刻的感染。同时,还要注意艺术性,只有正确的政治内容与完美的艺术形式相结合,才能使观众受到更大的启发与教育。

所谓综合晚会,也可以说是娱乐性晚会。它是一种不拘一格,以追求轻松、活泼的健康乐趣为基调的晚会。例如夏天的"消夏乘凉晚会",秋天的"赏月联欢会"、"化装晚会"、"和演员见面联欢会"、"集体舞联欢会",等等。这种类型和晚会多是以各种不同艺术表演形式组合演出,像杂技、曲艺、音乐、舞蹈、魔术,等等,也可以是歌舞专场和戏剧专场。

演出的一般形式可以分为歌舞专场、音乐会、诗歌音乐会、朗诵演唱会、文艺和体操技巧联合演出会,以及戏剧专场等。

2、场地分类

演出场地主要分舞台和平地两种,舞台又有剧场舞台和露天舞台。

若在剧场舞台演出，应注意剧场的选择。对于专题演出，剧场选择要适当。对于综合演出，特别是业余文艺演出往往人数较多，所以要选择后台稍大的剧场，尤其是舞台的两侧要宽敞一些，便于演员走动和下台。

露天舞台的选择，要选择宽敞、平整的地方，如农村的场院、工厂的球场、部队的练兵场、学校的运动场，演出场地最好靠近水源，但不要靠近易爆易燃物。如果有高一些的地方或凭借物，如杆、树等，搭设舞台更方便些。

舞台上基本装置要有大幕、二幕、天幕，以及侧幕等。

搭设简易舞台可以因地制宜。例如将若干个空汽油桶摆成舞台，铺上木板即可当台，在四角埋设木杆即可以挂幕。

舞台布置得好，能起到渲染气氛，锦上添花的作用。布置舞台要根据演出内容而定，一般都要挂会标，在大幕前的横幕上写上"××联欢会"，还可以在台前摆花盆、花篮。

有条件时还可以设幻灯，使台口和天幕浑然一体，给人一种美的享受。节日在广场临时搭台演出时，可以在台口挂彩带、宫灯、气球等，这样更能增添节日喜庆的气氛。

3、组织准备

（1）预先准备。首先要制订计划，确定指导思想，组织机构，内容、形式的要求等。并召开有关负责人的联席会，讲清目的、意义，宣布计划和分工，确定参加单位的联络人。在准备过程中，要经常召开检查汇报会，及时了解各个环节和准备工作进度。在基层节目排成后，要组织有关人员进行审查，了解节目的内容，掌握节目所用的时间、人数、研究节目的修改。

（2）演出前的准备。主要工作包括选定节目和排节目单两部分。

选定节目。演出前应根据规定条件对上报的节目进行选择。时间

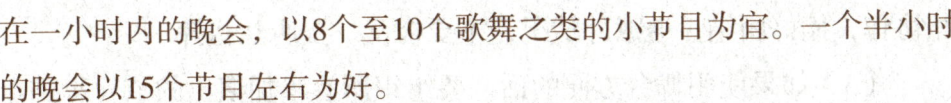

在一小时内的晚会，以8个至10个歌舞之类的小节目为宜。一个半小时的晚会以15个节目左右为好。

排节目单。晚会的效果与节目的安排有密切关系。首先应注意将开场和结尾的节目选择精当，要在开始和结尾安排有气势、能鼓舞人心、场面大、人数多的节目。

中间的节目要注意搭配，如果把精彩的的节目集中放到前面，在后半场演出时，会导致观众离场；如果把精彩的节目集中在后半部，在开始演出时，由于观众不知道后面节目如何，则会出现喧哗，冷场现象。这些都会影响演员的情绪，破坏晚会的气氛。

另外，节目的大小要穿插开，如果第一个节目是大型的，第二个节目就应上小的，以利于调节观众的情绪。同时还要考虑各种节目类型的搭配，将歌舞、器乐、声乐、戏剧、曲艺的节目穿插安排，使节目类型从始至终不重叠，不乏味。

（3）组成舞台工作人员。舞台工作人员主要有监督员、后台主任、催场灯光师、扩音师、拉幕员、跟幕员等。舞台工作人员要分工明确，责任落实，熟悉演出场地情况。还要按演出单位人数，划分出固定的休息地点。

（4）召开领队会。在演出前，最好在演出现场召开会议。请负责具体工作的人员参加，由舞台监督宣布演出时间、节目顺序，征求意见，同时向大家介绍舞台工作人员，以及舞台和后台情况。

会上一般应提的要求是：上下台要轻、快，不许吹、动话筒；间幕时间要短，报幕后立刻演出。演出开始，其他人不许在侧幕向台上演员做手势、说话，以免影响演员情绪和演出效果；不许从舞台口跑向观众席。服装整齐，上台前要检查；化妆要适度，效果应尽量一致。

后台主任要宣布各单位候场休息地点及有关事项，通常提出的要求是：不许在后台大声喧哗；乐器调弦要到场外；保持后台卫生；互

相协作,搞好团结;遇意外情况,不要慌乱,要听从指挥。

(5)如果使用舞台方便的话,要组织所有参加演出的节目彩排走后台,进行正式演出前的预演,以便演员熟悉位置,适应舞台;同时检查节目的衔接是否合适,布景摆的是否得体,什么时候关开大幕、二幕,灯光和扩音器的具体位置、要求等。以便使演出中可能出现的问题在走台彩排中得解决。

游艺晚会

游艺晚会的主要内容是各种类型的游艺活动,综合性的游艺晚会还应包括猜谜、智力测验等项目。在春节等重大节日,游艺会最好是综合性的,集各种游艺活动于一堂,便于参加者根据兴趣自由地选择游艺项目。

游艺晚会趣味性强,内容丰富多彩,知识面广。它既能生动形象

地反映现实，也能乐观风趣地幻想未来。

参加游艺晚会活动的人，一般不受年龄及其他条件的限制，参加活动的人可多可少，活动也比较灵活。

1、场地设置

游艺活动可以用食堂、礼堂休息厅等较大的场地做会场，会场门口应张贴对联，室内墙壁和天花板应尽可能拉起彩带、彩链，以增加节日气氛。在会场里应布置"游艺宫"、"智慧宫"和"棋艺宫"。

在"游艺宫"里集中设置各式传统游艺、电动游戏和电子游戏。在"智慧宫"里，应设置各种灯谜、谜语和智力测验题，也可以将谜语和智力测验题挂于墙壁四周。在"棋艺宫"里，可以设置各种棋类，供群众使用。

在一些不具备室内游艺场条件的基层单位，可将游艺场所设在室外，在室外布置游艺活动时，可划分一些活动区，灯谜可用绳索悬挂，比头稍高即可。

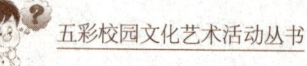

2、组织方法

游艺会的组织应有条不紊，生动活泼。

参加游艺活动者虽然不受年龄的限制，但每次参加的人数，应该有个适当的范围，人太少则冷清，人过多则拥挤杂乱。

每项电动游艺和非电动游艺，都应有1人或数人担任现场管理，工作人员应配带标记。为了保证良好的秩序，一般采取排队方式，按顺序参加活动，有时也可以采取发号方式。

各项活动内容应按规定时间统一开始，统一结束，如果某些项目提前结束，容易增加其他项目的压力，以致造成混乱。

3、奖品的准备和发放

游艺活动应设置奖品或纪念品。购置奖品时，应考虑获奖者的年龄、职业、晚会特点和主题等因素，使奖品具有纪念性、实用性和群众性，一般奖品应是小型多样的，奖励等级通常分为一、二、三等奖。

设置奖品主要应考虑的因素：参加人数；各项游艺平均获胜率，主要应考虑各项游艺活动获胜的难易程度；游艺会持续时间；获奖系数，即各项游艺平均获胜几次按规定可获奖。

在全部奖品数量中，三等奖应不低于50%，新年或迎春晚会应多准备一些贺年片、日历片等小型奖品。

为便于奖品发放，可设奖票，凭票领奖，也可以直接领奖。这两种形式可视单位具体情况而定。设奖票的好处是游艺者可将奖票积攒起来，根据爱好选领奖品，同时奖品与奖票分开，便于对发奖者实施管理。直接领奖的好处是游艺者领奖方便。

4、注意事项

（1）保证安全。游艺会要有一定的安全措施。

用电的游艺器材，应有防止触电的设备。为此，要有紧急切断电源的具体措施，应有专人保管和使用防火设备。

（2）保持良好的秩序。为此，游艺场应有维持秩序的工作人员，督促游艺者遵守有关规定。

（3）有关事项要及时通知。为此，游艺会的组织者应及时张贴或广播有关要求和注意事项。

营火晚会

营火，也叫篝火。营火晚会是广大青少年特别是学生和部队战士，野外、海岛工作人员所喜欢的一种文化娱乐形式。

营火晚会本来是在荒郊野外宿营地举行的活动，但是由于这种活动不受季节、地点、人数的限制。一年四季里，不管春夏秋冬，只要有块空地，少则几人、几十人，多则几百人、几千人，都可以举行营火晚会。

不过，最多的还是在冬令营、夏令营和"五一"、"五四"等有纪念意义的节假日里举行。一个生动活泼、意义深刻、形式新颖的营火晚会，往往会使人终生难忘。

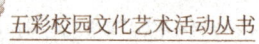

1、营火种类

就营火的火源来讲,可以分为真营火和假营火两类。但是最常用还是真营火。

真营火。主要是用秸草、木材、废旧油棉丝、液体燃料和固体化学燃料等作为燃料的营火。

用秸草、树枝、木材等燃料时,支架要虚一点以便火堆通风、透气,易于燃烧。

使用固体化学燃料点营火时,为了安全,最好用1米至2米高的铁质火炬作营火架子,架子的底部要沉重、稳当,架子的顶部要做成盆形的,营火点燃后便成了一个巨大的火炬。

假营火。就是不用燃料,不着火焰的营火。一般是做成木质的营火架子,大小、高低、形状根据需要而定。

在营火架子的底部要装上一个或几个电风扇和鼓风机,在架子的上部围上1米以上的红绸子,当做火苗。红绸子的中上部要剪成长短不一的穗状绸条,在红绸上最好使间隔上一些条状的黄色颜料,在红绸子里面装上几个大度数的灯泡,使用时接通电源,鼓风机吹动红绸,灯泡发亮,红绸形似锥体火苗,闪闪发光。为了产生真实感,还可以在假营火架子的外围再架设一些秸草、树枝、木材之类的东西。

假营火的特点是经济、简便、安全,不污染空气。

2、组织方法

组织各种营火晚会,主题要明确。因而要求在事先的准备活动中,注意使晚会的内容和形式、活动的气氛和环境的美化布置,都要紧紧扣住主题。营火晚会分很多内容。

故事营火晚会。可以由一个人主讲故事,也可以由几个人轮流讲,大伙儿围着营火聚精会神地听。故事营火晚会还可以化妆。

文艺演出或体育表演营火晚会。大伙儿围着营火,观看文艺演出或体育表演。

革命传统教育营火晚会。请革命前辈或英雄、模范人物、讲革命传统故事。

集体舞营火晚会。大伙围着营火跳集体舞。

纪念日营火晚会。如以"五一"、"五四"等纪念日为主题的营火晚会，活动内容应紧紧扣住纪念内容。

营火晚会要讲究环境气氛，因此不仅应将节目组织得生动、活泼、有层次，而且对会场环境也要进行必要的美化布置。

重大的营火晚会和节日、纪念日营火晚会，都要有一定的议程和仪式。一般来讲，应该包括宣布营火晚会开始、点营火、开始活动、营火晚会结束等几个主要程序。

当宣布营火晚会开始后，应奏军乐、鼓号乐，播放歌曲或乐曲，以增加庄严、隆重、欢畅的气氛。点营火时，如果有首长和英雄、模范人物参加，最好请他们点营火或授火种。

授火种的办法是：先做一个小火把，由领导或模范人物亲手点燃后，依次再授给指定的人去点。点营火时，可以一个人直接拿着火种去点；也可以一组人，以接力传递的方法由最后一个去点。在授火种、点营火的过程中，为了活跃气氛，应该奏乐、播放乐曲和热烈鼓掌。

3、注意事项

场地的选择。要在避风、有水源、不易引起火灾的地方举行。如果组织大型营火晚会，还要注意观众入场、退场时的组织指挥。

注意气象条件。不要在雨天或大风天举办营火晚会，安排营火晚会前要注意气象预报，如遇风、雨天，应改期举行。

专人负责。营火晚会要有专人保护营火和添燃料，请观众不要围营火太近。营火晚会结束后，要有专人熄火，确实完全熄火以后才能离开。在使用假营火时，要有专人注意用电安全。吹风设备不要发出

很大的声音，以免影响晚会的效果。

赏月晚会

赏月晚会是一种轻松、活泼、清新而雅致的晚会，如同消夏晚会、海滨晚会一样，具有诗一样的意境，别有一番风味。组织得好，足以使人赏心悦目，妙趣横生。

1、时间和地点

组织赏月晚会，最好是在中秋节的晚上。

赏月晚会的地点应该选择在比较优美的自然环境里。在城市可以在比较幽静、美丽的湖滨或庭院。在农村可以选干净的场院或村外小河旁的平地做活动场所，最好是在依山傍水的地方。可自带小板凳或席地而坐。

2、活动内容

赏月晚会要紧紧抓住一个"月"字，凡同月亮有关的传说故事、科学知识、诗词歌舞、奇闻趣谈，不拘形式，都可以谈及。

讲月亮的故事。世界各国人民大都有关月亮的神话、传说和故事。在希腊神话、印度童话、北欧神话中都有想象丰富的关于月亮的传说。我国关于"月下老人"、"嫦娥奔月"等神话故事尤为丰富多彩。同月亮有关的故事就更多了，如南齐时候"江泌月下苦读"的故事，至今还鼓励许多青年刻苦读书。这些传说和历史故事都可丰富赏月的内容。

介绍月亮的科学知识。月亮是由什么构成的？它有多久的历史？为什么它会发光？为什么它会有圆、缺的变化？它离我们地球有多远？在人类未登上月球之前，人们对月球是怎样认识的，那些至今仍经得起检验的科学预测是怎么得出来的？以及许多有趣的科学幻想小说对月球是怎么描写的？……都可讲述，以丰富赏月的内容。

朗诵咏月诗篇。几千年来，古今中外描写月亮的诗篇何止千万！许多著名诗人给我们留下了脍炙人口的咏月诗篇，读起来使人感同身受。

古今中外咏月诗很多，与会者谁能记住几首就在赏月晚会上背几首，会给赏月会增加文学的雅趣。另外，还可以背诵一些祖国各地名胜的咏月对联，这既是一种文学欣赏，又能增长知识和提升对祖国山河的热爱之情。

欣赏月光曲。在月光如水的夜里，组织大家听贝多芬的《月光曲》、刘天华的二胡独奏曲《月夜》、广东音乐《汉宫秋月》等曲子。这些曲子可以由乐队演奏，也可用收录机播放。在欣赏乐曲的同时还可以讲点音乐家的故事，就是别有风趣。

除了乐曲欣赏外，还可请演员演唱一些与"月光"二字有联系的歌曲。

跳月光舞。晚会的高潮应该放在后面。一般说跳舞可使以静为主的赏月晚会和气氛顿时活跃和热闹起来。跳舞可以由单人舞到多人舞、友谊舞和集体舞，使气氛逐渐浓厚。

单人舞《春江花月夜》最切题，也最容易同前面节目衔接，可以

请一位舞姿好的女青年跳一跳。多人舞如《阿细跳月》等都很扣题。当然后面跳交谊舞、集体舞就不一定要和月亮联系起来了。

但最后，还是应该同月亮的主题扣上，如设想让月下老人引荐嫦娥出场同跳舞群众见面，并在一起舞蹈，使赏月晚会出现天上人间共同起舞的气氛，晚会即可结束。

朗诵晚会

朗诵晚会是一种直接用文学作品进行宣传教育的群众性活动，它不需要复杂的准备和排练过程，组织工作简单，宣传及时，具有较强的感染力。

从抗日战争一直到建国以后，朗诵像刺刀一样发挥着战斗作用。《黄河大合唱》里每一段歌曲的前面那些激动人心的朗诵词，不但在抗战中使人听了热血沸腾，而且至今还能起到振奋民族自信心的作用。

朗诵是一种群众性的文学欣赏活动，它能丰富和充实人民群众的文化生活，扩大对优秀文学作品特别是诗歌的鼓舞作用和传播范围，许多好的作品之所以广为传播，往往是因为朗诵会或广播朗诵使它突破了一般文学爱好者的圈子，在更广大的范围里，使更多的群众受到教益。

朗诵会还有助于学习语言和推广普通话，对于提倡"五讲四美"，建设社会主义的精神文明，都有推动作用。

1、朗诵形式

朗诵的形式灵活多样，以不同的角度，可分出多种形式。如从朗诵文学作品的体裁来说，可以分成诗歌朗诵、小说和剧本片断朗诵等；从朗诵者的人数来说，可以分为单独朗诵和集体朗诵；从朗诵是否同其他艺术手段相配合来说，可分为朗诵和配乐朗诵等；从朗诵演出地点来分，又可分为舞台朗诵、广场朗诵、劳动工作现场朗诵。

在通常情况下，大多是以所朗诵作品的体裁来划分朗诵形式的。

2、内容及要求

（1）诗歌朗诵。诗歌朗诵是朗诵的基本形式，常作为一个朗诵会的主要节目。

诗歌有古诗和新诗两种。它们都有自己的韵律特点，在划分语组时要符合韵律的要求，不能随意处理。新诗朗诵时可以像散文一样，不求节奏的整齐划一，语句划分也不必与音节和诗行相同。古诗朗诵则要求音节的整齐和韵律的平仄。

（2）散文朗诵。散文的语句长短不齐，比较口语化。好的散文语言流畅、节奏自然、富于变化。朗诵时除了应体味它的思想感情外，还要正确自然地表达出它的节奏。

（3）小说朗诵。小说通常通过叙述人物对话等多种语言手段表现人物和情节。在朗诵其中一个片断时，始终要用叙述人讲故事的姿态来介绍，不必一一模仿不同人物的对话，如果一会儿模仿男人的口

音，一会儿又模仿女人的腔调，一会儿装出苍老嘶哑腔，一会儿学出咿呀呀语，像曲艺说唱那样，就会给人以不严肃、不和谐的感觉，也不符合朗诵的格调。

（4）剧本片断朗诵。剧本朗诵往往是选择一段较长的精彩台词，如话剧《屈原》中"雷电颂"。朗诵时要用角色念台词的方式，深入体会角色的思想感情、性格特点，以至语言习惯。朗诵时要有表情、有动作、交代出人物所在的环境，几乎和没有化妆的舞台演出一样。

3、注意事项

（1）朗诵晚会正式演出时，应根据朗诵节目的数量、质量、确定是否可以单独举办朗诵晚会，如节目单薄也可以举办朗诵演唱会，其中插入歌唱、舞蹈，甚至曲艺等节目。

（2）朗诵晚会在安排节目次序时要注意大小轻重相间，应把重要题材、一般题材，严肃的与轻松的，独诵与集体朗诵的，巧妙地穿插开来，这样对观众的视觉和听觉都有所调节。

（3）在开头、中间和结尾，要安排最精彩的朗诵节目以便吸引观众，使会场始终保持饱满的情绪。

（4）由于朗诵主要靠声音来表现，会场是否安静至关重要，因此，朗诵会场应保持肃静。严禁喧哗和吵闹。

联欢会的组织和注意事项

组织机构

组织联欢会要有一个领导班子,领导班子下设组织指挥、秘书接待、宣传报道、奖品、保卫、后勤等方面的办事机构。

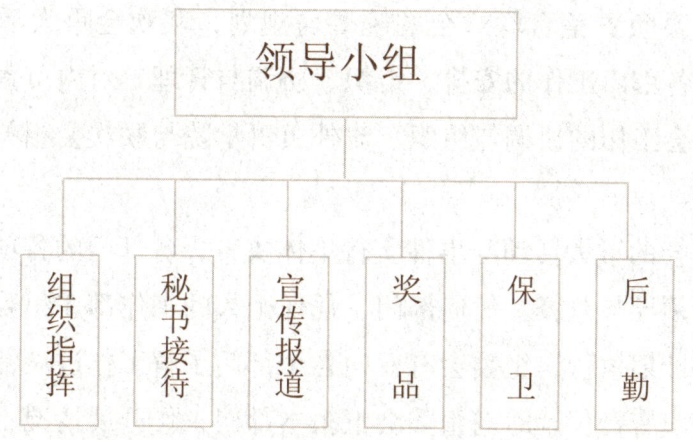

组织小规模的联欢活动,办事机构应该精干,工作可以兼并。组织不同特点、不同类型的活动,其办事机构的名称和内容,也应做相应的调整。

在办事机构确定后,应及时制定工作日程和实施方案,并组织力量落实。对于工作中的难点,要集中力量攻克。组织者还应冷静审慎,设想意外情况,准备应急措施,严防事故发生。

注意事项

(1)开展晚会活动,要注意贯彻勤俭节约的原则,尽量就地取

材，利用现有条件，自己动手，因陋就简，少花钱、多办事，把晚会活动办好。

（2）要注意晚会的特点。有些晚会群众和演员结合较紧，不仅在感情上互相交融，而且观众又是演员，演员又是观众。组织这种晚会活动时更要注意体现群众的意愿和活泼和谐，无拘束的气氛。

（3）晚会选择活动内容要广泛，节目安排要有节奏、有起伏。要雅俗共赏，不能单纯迎合某些的要求。力求寓教育于活动当中，做到群众性、趣味性、知识性和思想性相结合。

（4）晚会要有切实的安全措施，杜绝事故发生。

具体分工

组委会负责整台联欢会的统筹与规划，联欢会重大活动的决策与处理，各部门工作的安排、组织、协调与管理。对内负责校区团总支、学生会工作的协调与组织，对外负责学院与联欢会相关部门的沟通与联系。

组委会的重大活动与事件实行集体决策，各部门的各项工作都受组委会的领导与监督。任何部门、任何个人的工作都在组委会的领导下按工作计划执行，组委会有权向各个部门了解工作进展情况，各部门有义务、有责任及时向组委会汇报本部门工作开展情况，同时组委会也接受各部门的监督。

1、总要求

各部门要严格按照组委会的要求确保联欢会的顺利进行，各部门主要负责人一定要明确本部门的职责与权限，对超越本部门职责与权限以外的事情由组委会负责协调。任何部门、任何个人的工作不能有违于组委会的工作安排。重大事件的决策必须报经组委会集体决定，对违反组委会有关规定的人要追究有关部门负责人责任。

2、组委会组织机构

主办：校区、院学工处、系、院团委

承办：团总支

协办：基础部、后勤服务中心、学生管理办公室

协调组工作思路：负责整台联欢会的节目组织与保障，在整台联欢会的组织中起着举足轻重的作用，节目的好坏直接影响着联欢会的档次与水平。主要工作如下：

（1）负责整台联欢会的节目组织与保障。

（2）负责对各节目选送单位的指导与督促。

（3）负责联欢会的节目筛选、彩排、正式演出的统筹规划与实施。

（4）负责各节目的最终确定、联欢会主持人的最终确定。

（5）负责节目负责人的会议安排。

（6）联欢会部分节目的化妆与服饰。

（7）饮用水、工作餐的组织与安排。

3、学生会工作计划

整体思路：在联欢会中起着上行下达，是连接组委会、组委会各部门及各节目选送单位的桥梁与纽带，负责组委会各种命令、文件、精神传达的作用。

主要工作如下：

（1）联欢会其他各部门工作、工作进展情况汇报收集与管理。

（2）组委会的各种通知。

（3）文件的制作与发放。

（4）节目单的制作和分发。

（6）入场秩序的维护。

（7）组委会临时交待的工作。

（8）联欢会场地的组织、安排、布置。

（9）节目中舞台工作人员的安排与组织。

（10）联欢会节目中各种现场道具的撤换。

4、舞台工作人员的安排

场地布置：本着简洁、明了、喜庆、欢快、高雅、新颖之原则，在不影响联欢会整体效果的情况下，量力而行，充分利用现有资源，确保联欢会取得圆满成功。

工作思路：本着勤俭节约的原则，高水平、高质量、圆满地做好联欢会的后勤保障工作，确保组委会各种工作的正常开展，另外也要做好组委会特殊交待的各项后勤保障工作。

主要工作如下：

（1）场地桌椅及现场需要物品的组织与安排。

（2）做好后勤保障工作。

（3）专职电工1名；架设工2名。

（4）舞台设施、音响等设备调试。

（5）协助其他部门做好组委会交待的工作。

具体包括：积极配合组委会做好整台联欢会的日常宣传，联欢会舞台的策划、设计、布置，以及组委会与校内外新闻媒体联系与接洽。如，

①联欢会的日常宣传与现场宣传。

②横幅、标语、海报的制作。

③联欢会传单的制作。

④舞台背景布的策划、设计与组织。

⑤展板的定做与制作。

⑥领导、学生讲话稿的准备。

⑦舞台的策划、设计与布置。

联欢会的宣传工作开展

做好晚会的组织的宣传工作是举办好晚会活动的重要环节，筹备晚会时不可忽视。

晚会的组织是一项综合性的工作。需要得到各个方面的支持和帮助，才能将晚会办好。

宣传与会务

在筹备晚会的活动中，要做好宣传工作，大力宣传开展晚会活动的指导思想和目的意义，充分调动有关人员的积极性。同时，宣传工作还要阐明所组织的晚会的具体目的、意义。

例如，为庆贺某一节日、事件的晚会，为解决青年的某项切身利益问题的晚会，以及调节生活，照顾学生的娱乐和休息的晚会，都有各自的目的和意义。阐明具体的会议目的，有利于使各项实施方案和工作围绕一个中心来完成，使工作协调一致。

1、明确指导思想

在大目标明确的前提下，还要把具体目的加以明确。例如，所组织的联欢会是为庆贺某一节日、事件为主，还是围绕某主题，着重于宣传，给学生某些收益。是以解决青年的某项切身利益问题为主，还是通过活动调节生活，照顾青年的娱乐和休息。明确这个具体目的，有利于使各项实施方案和工作都围绕一个中心思想来完成，使工作协调一致。

为了动员各方面关心、支持、配合工作，组织者一般应向各部门介绍联欢会的意义，要从大处着眼，从适用于学生和教师的特点的角度，宣传"配合党的中心工作"和"适合青年特点"的关系，从组织联欢活动的目的和直接效果等方面讲清开好联欢会与各方面的联系和推动作用，争取各方面的支持，使他们感到为晚会出力是自己的责任。

领导小组成立后，还应多做联络、疏通、平衡、检查等配合工作。组织者更应嘴勤、手勤、腿勤，使活动的每个细节工作都得到落实。

2、进行文字宣传

为了发动学生和各界关心、参加联欢活动，还需要做些文字宣传。

为扩大联欢活动的影响，布告周知，可以张贴海报。

海　报

为纪念"五四"青年节，定于5月3日晚7时在操场举行火炬接力赛开幕式。届时将有80名参赛男女运动员沿着原路返回校门口。欢迎全体师生前往助兴。

××活动组委会
×年×月×日

晚会消息

农历八月十五日晚八时，在学校操场召开"青年中秋月光晚会"，欢迎同学们参加。

××团支部
×年×月×日

海报使用纸张的颜色、开张、质地都应与活动本身协调。文字书

写端正、清晰,可作美术加工。张贴地点应根据活动内容规模及其在本校的作用不同而做适当选择。

如果需要尽快通知各个方面,还可以利用广播宣传。

责任划分

1、宣传责任人

学校组织的活动,宣传工作的原则是"谁组织谁宣传",活动由负责组织实施的第一负责人第一时间安排人员将活动宣传的文章进行发布。

2、宣传范围

对活动、人物事迹等进行宣传报道工作。各部门、年级应主动与报道组成员取得联系,将本部门、本年级的活动及时通知报道组相关成员并宣传出去。专业文章不属于宣传工作范畴。不符合新闻报道的文章在校园网上不予通过。

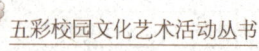

3、对外发布

对外宣传包括报纸、电台、电视台等媒体由"对外宣传员组"的成员来完成，也可以由"各组通讯员"、教师自己在媒体上发表。因各家媒体的联系情况不同，对外报道组成员有根据校园网上的文章，修改成简讯或专题报道的形式，署名后投稿至相关媒体进行发表的权利，或直接参与活动进行报道。

4、既定目标

争取在现有成绩上再有所提高，所以"对外宣传员"每人每年至少完成10篇通讯报道任务，年底依据市教育局宣传报道工作的奖励办法，根据发表数量进行在校内进行奖励。

宣传方法

新闻媒体的报道工作。关注国内名校、省内兄弟学校的宣传方式，扬长避短，有针对地加强导向作用。

寻找新的宣传点，争取在中央级别的报刊报道学校办学成绩。

校刊编印工作。校刊的内容需扩充和丰富，如校刊增加课改前沿等栏目，介绍的教育的新闻热点信息、课改的前沿动态等讯息。同时，每期记者团能够自己制作一个校园专题进行采写，由专业老师进行辅导完成工作。

名师工作室。若能建立学校名师工作室，可做采访、视频加以宣传，增强导向作用。

宣传途径

为了提升学校的宣传效果，可采用多方面的方法进行。

加强对校园广播、校园区域网、橱窗、黑板报、电子显示屏、标语等校内舆论阵地的管理，抢占宣传思想工作的制高点和主动权。通过学校喉舌等宣传形式，挖掘校园文化的潜在功能，各处、室密切配合，达到信息畅通，使学校校园文化建设再上新台阶。

建设好学校德育工作室网站，正面宣传好学校育人成果。

宣传实施

通过团队活动、各项竞赛活动，提高宣传工作的质量和效率。

精心组织学校招生宣传工作，及早制定系统、周密的招生宣传计划和策略，制作好招生宣传彩页。在每年9月份开学前、大型活动获得突出成绩后、中考成绩揭晓后等时间段进行重点宣传。增强宣传的针对性，对学生家长印发有针对性的宣传材料，加大宣传力度。

校委会成员以及全体教师要充分意识到宣传工作的重要性，以身作则，身先示范，做好学校各项工作的宣传。

借助区教育局网站、电视台、报纸等新闻媒体，及时报道学校重大新闻，广泛宣传学校办学思想、办学成就和管理新举措，让社会各界全面了解学校的建设与发展。

通过各种表册、书刊、户外广告等形式扩大学校的知名度。

通过招生宣传、考试成果宣传，深入宣传学校的办学成果和教育教学质量，加大对优秀教师的对外宣传力度，提高学校的知名度和美誉度。

通过教育专业报刊杂志，扩大学校在教育行业的影响。

联欢会节目串词及主持

联欢会是一种以情感交流为目的而组织起来的一种较为轻松的聚会方式。联欢会的组织者一般具有某种特定的目的，但是情感交流是联欢会成员参与活动的主要手段。联欢会成员可以是过去的同学、同

事、同乡或者是曾经有过较密切的交往人员，也可以是现在的同学、同行、朋友。

节目串词

联欢会的举办需要好的开场词，现列举一些常见的鸡、犬年节目串词。

大家晚上好！光阴荏苒，斗转星移，光辉灿烂的20××年即将过去，充满希望和挑战的20××年悄然来临。我们欢聚于此，庆祝即将到来的元旦佳节！

斗转星移，历史的车轮就要碾过20××；逝者如斯，时间的脚步即将迈入20××。

今天，我们相聚一堂，共话成功喜悦；今天，我们欢歌笑语，同庆元旦佳节。

岁月不居，天道酬勤，在过去的一年中我们齐心协力、锐意进取、奋发图强、开拓创新、技术上不断攻克难关，市场上不断开疆拓土，我们辛勤的工作换来了丰硕的收获！

展望即将迎来的一年，我们满怀憧憬，激情澎湃，更好的产品等着我们去开发，更大的市场等着我们去征服，一项壮观的事业正等着我们去挥洒智慧和才能。

没有什么能阻挡，没有什么能动摇，我们满怀信心，开足马力，奔向更加辉煌的20××年！

弹指一挥间，我们送走了硕果累累的20××年，明天即将迎来充满希望的20××年。在这辞旧迎新之际，我代表……

20××年是喜庆的一年，也是丰收的一年。在这一年里……

金鸡报晓；神犬驱邪。闻鸡起舞；放犬缉私。犬守平安日；梅开如意春。犬守平安夜；雀鸣幸福年。

犬守良宵夜；莺歌娱乐春。犬护祥和宅；人过幸福年。犬厉堪欺虎；鱼灵巧化龙。

犬献梅花赋，鸡留竹叶图；户展新春景，家传义犬图；白梅凌雪尽，黄耳报春来；戌春人醉社，戌日客登门。

戌日耀吉瑞，狗年臻福祥；戌日呈祯瑞，狗年臻福祥；戌刻花灯亮，狗年喜气盈；红梅扬正气，黄耳报佳音。

花犬观鱼乐，青云美鸟飞；花灯悬街市，玉犬守门庭；鸡鸣知日上，犬吠报春来；鸡舞三多日，犬迎五福春。

鸡舞司晨早，犬蹲守夜勤；鸡携竹叶去，犬踏梅香来；金鸡交好卷，黄犬送佳音；金鸡歌国泰，义犬报民安。

金鸡辞禹甸，玉犬乐尧天；金鸡操胜券，玉犬报佳音；金鸡报捷去，锦犬送春来；金鸡争报晓，玉犬喜迎春。

金鸡追竹叶，黄耳踏梅花；金鸡歌晓旦，玉狗问平安；国期长治世，犬守久安家；春来燕子舞，犬献雪梅图。

春眠强国梦，犬护富民家；春晓金鸡唱，岁宁黄耳勤；春光明盛世，玉犬贺新年。

犬吠鸡鸣春灿烂，莺歌燕舞景妖娆；燕剪千丛锦，犬迎万户春；德禽争献瑞，黄耳喜迎春。

德禽鸣福寿，义犬保平安；子夜钟声扬吉庆，狗年爆竹报平安。

节目主持

各学校可根据自身情况，对节目主持的语言进行提炼。这里以新春联欢会的主持词举例，供参考。

说明：A、B分别代表两位主持人。

开场白：

A：物换星移辞旧岁，风和日丽迎新年。

B：人寿年丰歌盛世，山欢水笑庆新春。

A：尊敬的各位来宾

B：亲爱的老师、同学们

合：大家新年好！

A：新年的钟声即将响起，我们又将迎来万象更新的春天。

B：新年的钟声即将响起，我们又将迎来光辉灿烂的明天。

A：今天，我们欢聚一堂，共同庆祝×××年的新春。

B：今天，我们载歌载舞，一起憧憬×××年的辉煌。

A：畅想明天，我们的心里承载着新的希望。

B：展望未来，我们的肩上担负着新的责任。

A：今天，请敞开你的胸怀，释放你的激情。

B：今天，请扬起你的风帆，亮出你的风采。

A：让我们用甜美的歌声

B：让我们用优美的舞蹈

A：祝愿家长们、老师们身体健康！工作顺利！

B：祝愿同学们快乐成长！学习进步！

A：祝愿我们学校的明天更美好！

B：祝愿我们祖国的明天更辉煌！

合：××学校×××年新春联欢会现在开始！

开场舞《喜洋洋》

1、小小的萤火虫啊，你快乐地展开翅膀，点亮自己的灯，冲破了黑暗的束缚。你微小，但你并不渺小，因为宇宙间的一切光芒，都是你的亲人。请听合唱《萤火虫》。

2、幼儿舞蹈是一幅色彩斑斓的画，是一首天真无邪的诗，是童心的展示，是童趣的描摹。请观赏幼儿园小朋友带来的舞蹈《你们好》。

3、我们是学习的主人，精神愉悦，身体健康；我们是未来的主宰，乐观开朗，积极向上。请欣赏英语剧《throwing a handkerchief》。

4、一群可爱的精灵，在竹林深处，奏响了天籁之音。请欣赏葫芦丝表演《竹林深处》。

5、心灵的翅膀，飞过云端，画出追寻的轨道，面向偶像的方向，我心飞翔。请欣赏舞蹈《我的偶像》。

6、××××年，我校开展了空竹体育特色教育，空竹成了师生的宠儿，学校人人会玩空竹，人人能玩好空竹，空竹表演还参加了顺德区民办学校艺术展示活动。请欣赏《空竹表演》。

7、唱响红色歌曲，能唤起我们的民族精神，增强关于红色的记忆。请听《红歌串唱》。

8、好一朵美丽的茉莉花，芬芳美丽满枝桠，又香又白人人夸。请欣赏舞蹈《茉莉花》。

9、宇宙虽然浩渺，但地球只有一个，破坏了地球，就意味着地球生命的消亡。保护环境，人人有责。请欣赏小品《白色噩梦》。

10、在学校开展武术教育，不仅有利于增强学生体质，还是弘扬中华民族文化与精神，促进学生对中华民族文化认同的有效途径。请欣赏《武术表演》。

11、琴棋书画，人生四韵。善琴者通达从容。善棋者筹谋睿智，善书者至情至性，善画者至善至美，请欣赏《琴棋书画》。

12、一寸光阴一寸金，寸金难买寸光阴。请欣赏舞蹈《时间之光》。

13、老师是平凡的，老师是伟大的，老师就是我们人生道路上一盏盏明灯。请欣赏散文朗诵《稻草人的天空》。

14、走上梦想舞台，奏响梦幻乐曲。请欣赏竖笛合奏《多啦A梦》。

15、我有一双隐形的翅膀，带我飞翔，给我希望，我终于看到，所有梦想都开了花。请欣赏舞蹈《飞》。

A：辞别××××年的丰硕与芬芳。

B：迎来××-××年崭新的希望。

A：愿美好的歌声和祝福，伴随大家新一年的每一天！

B：愿这欢声笑语，永远驻留在我们彼此的心间！

A：牢记我们的使命，奋发图强、携手共进。

B：用我们铿锵的誓言，用我们拼搏的精神。

A：用我们不懈的努力，用我们青春的热情。

B：共同创造灿烂辉煌的××××年！

A：各位来宾

B：老师们，同学们，

合：××学校××××新春文艺汇演到此结束，祝大家新年快乐，万事如意，心想事成！

联欢会入场证件制作

请柬样式

为了确切介绍活动的概况,郑重地聘请领导和有关部门、有影响有代表性的人物参加本活动,接待组常以大会或主办者的名义印制请柬。常用请柬格式为:

请　柬

××同志:

　　为感谢您对培养教育青少年付出的辛勤劳动,定于××年×月×日在我校礼堂举行春节演出。

　　请届时出席

　　　　　　　　　　　　　　××中学党支部
　　　　　　　　　　　　　　××年×月×日

请　柬

　　定于十二月×日(星期×)晚×时,在××厂礼堂举行迎新校友谊联欢会。

　　请届时出席。

　　(每柬一人·东门入场)

　　　　　　　　　　　　　　　　校团委
　　　　　　　　　　　　　　××年×月×日

入场券样式

为了控制活动的规模，表明参加者的资格，应向参加活动的个人或者集体发放入场券。入场券的格式如下：

北京××学校春节联欢会

入场券

时间：××年×月×日下午×时

地点：礼堂

主办：校团委

（每券一人·请勿转让）

青年友谊联欢会

入场券

时间：××年×月×日

地点：第一礼堂

（每券一人·集体入场有效）

入场券可以打印、铅印，也可以油印。所用字体应清晰大方，字号可以不同，便于要目突出醒目。为便于验票，防止漏洞，还可以在票面印出编号或加盖公章。如所用礼堂、剧场原有入场券可用，而且到会者都需有座位时，应想到发出的请柬应附带座位号的入场券。

工作证样式

为保证联欢活动进行得有条不紊，工作人员应佩戴标志：工作证、工作签等。其格式如下：

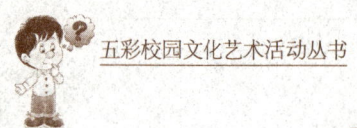

```
┌─────────────────┐
│                 │
│    工作人员      │
│                 │
│     01022       │
└─────────────────┘
```

较大型的晚会或若干单位联合举办的晚会，应与工作证同时佩戴职务签，在后台工作中尤为需要。如：

演员应发给场地票或其他标志，如：

```
┌─────────────────┐
│   北京第×学校    │
│                 │
│     场地证       │
└─────────────────┘
```

联欢会奖品设置和发放

在联欢会活动中为了给与会者以鼓励和安慰，一般都发放一部分奖品。奖品的数量和规格恰到好处，将给联欢会增添很多光彩。

这里着重介绍游艺活动奖品的设置和发放。

在筹备阶段，要对奖品的等级，每一等级的价格，印制奖票的张数做大致的估算，然后分别落实。估算可按下列经验公式：

$F = K \cdot P \cdot T$

其中：

F为印制奖票总张数。

P为各项游艺平均获胜率，单位是次/分。

T为游艺晚会持续时间，单位是分。

K为获奖系数，即各项游艺平均获胜几次按规定可得到奖票一张；一般$K \leq 1$；单位张/次。

由上式可以看到：印制奖票的总张数与各项游艺平均获胜率以及晚会持续时间成正比。如果仔细分析一下，K、P、T三个量都是可以作人为控制、规定和调节的，调节得好，可以增加群众参加联欢会的兴致，保证发奖工作自始至终顺利完成。

如P的数值过大，则得胜过于轻易，失去动脑筋的乐趣，而P的数值过小，则取胜很困难，又使游玩者望尘莫及，失去信心。P的调整可以通过对各项游艺的难易程度得到。如套圈这一项目，通过投掷者与

目标之间距离的调整,圈的直径大小的调整都可以使P值改变。

同样K值可以通过规定得到,如猜破三条谜语得一张奖票K=1/3;猜破一条谜语得一张奖票K=1;晚会持续的时间T当然是组织者确定的,这样我们便可以估算出一场晚会共需印制多少张奖票了。获胜者可凭手中奖票的数量领取奖品。

在筹办奖品时需要制定不同的等级。等级的规定单位按每张奖票的价格不等划分。设每张奖票的价格为Q,则:

Q=W/F

上式中:

W为购买奖品的总金额,单位是元。

F为印刷奖票的总张数,单位是张。

如果以一张奖票作为领奖的下限,即最低奖品等级,则规定递增奖票张数得到以上各等级。奖品分等级也不宜过多,一般分开三等就可以。

在全部奖品数量中,一等奖份数占15%至20%,二等奖占30%至35%;三等奖占50%左右。而三个奖品等级所花费的金额大致相等。按照上述比例,可以按照不同等级的Q值准备奖品。

上述估算,一般在提出经费预算时可以采用。如果上级批给的经费和预算数量有出入,或者在预先已有一个支出总数的情况下,对于印制奖票的张数和每张奖票的价格计算,也可以从上式计算方法得到。

发奖处应设在醒目、宽敞的地方,便于群众选择奖品,减少拥挤。

奖票式样:

0021 奖　票　壹张　（盖章有效）	0102 奖　票　贰张　（盖章有效）
0112 奖　票　叁张　（盖章有效）	0030 奖　票　壹张　（盖章有效）
0505 奖　票　壹张　（盖章有效）	0520 奖　票　贰张　（盖章有效）

联欢会会场及舞台布置

会场布置

以游艺晚会为例，会场的布置要从多方面考虑。入口处的布置应有热烈气氛，烘托表现活动的主题思想。还应设有导游说明，参加活动须知，使参加者有一个大概的印象。

游艺项目的布局。游艺项目的布局要根据场地的大小、光线、电源、进出口、周围环境、占地多少、使用方法、人流大小、动或静，要不要张挂说明和附图，对游者视线的阻挡程度，安全可靠性等来安排。

一般地说，把能活跃气氛，人流较大的项目放在醒目、方便的地方。

出口处张贴些宣传品，与入口处相呼应，具有较热烈的气氛，令人回味，留恋。场内路线比较畅通，场外交通也比较方便。

环境布置是游艺会的重要组成部分，必须与游艺活动内容相一致。文字、图案相结合的宣传形式，色彩要鲜明，图案要富有趣味性。也可以利用彩旗、彩球、彩花、彩灯，制作立体字、图等手段烘托气氛，美化场地。

为增加喜庆气氛，在项目的设置和活动的组织形式上，充分尊重学生意愿，使每项活动成为学生们喜闻乐见的艺术美餐。在活动的开展过程中，要注意几个方面。

项目设计要新颖。可增加音乐剧、歌曲串烧、音乐快板等，激发学生的热情。尤其是教师节目，老师一上场，台下的小观众个个都是热情洋溢、激情高涨。

氛围营造得要好。学校可以专门租用舞台、音响、红色大气包彩门。台下学生按年级组成方块队，各有各的标志，有的挥舞着彩色的气球棒、荧光棒、哈哈巴掌；有的是五颜六色的花束；有的手执国旗，来表达内心的喜悦。小演员还可以带自己的亲友团，拿着数码相机、亦或录像机现场拍照录像留念。

艺术的功能本来就是娱乐身心的，但艺术的表现却必须一丝不苟、勇于创造。同时，书法、剪纸、折纸、绘画等活动也可以吸引大批的家长和学生前来欣赏……这些都可以使孩子们在活动中展露创造天性和自信品质，成为他们表现自我风采的大舞台。

舞台设置

1、关于座位

留下领导嘉宾的位置；观看节目的学生位置；其他学校或学院的同学位置；演员的位置，尽量靠前坐；靠后的安排维持秩序的同学。

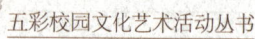

2、背景幕布

在幕布的两侧的边分别加一条气球组成的带，不用多做其他装饰，免得缀余。

3、关于舞台

舞台上方用气球挂出两条弧形，两边有很大的音响，接着用气球悬挂下来，舞台及T台边缘也用气球呈波浪纹装饰。

4、前景幕布

金丝带装饰，在舞台内部上方的铁架上可悬挂气球或剪裁好的塑料泡沫板。

5、其他方面

舞台和地面垂直的竖直弧面，这个竖直面不太美观，可用气球串起来呈波浪状粘贴上去，要多用点气球，大概有1.4米高。

上舞台的小楼梯，在舞台的两侧有两个小楼梯，可以在楼梯的边缘粘贴气球，也可以用彩带装饰。

舞台外缘的墙壁，可粘贴彩带，或粘贴由几个气球组成的小团，组成的样式最好都一样。

准备工作

1、前期

晚会前一周对会场进行测量，决定物品所需数量，将所需物品联系外联部。前一周完成整体所需布景、材料等物品的需要。

2、当天

布置会场时宣传部由负责人负责舞台布置的各种协调工作，与其他部门共同完成布置工作。

美工制作

对于各项说明、装饰、图案、立体字等的制作一般用纸裱糊。它制作简便，效果较好。

1、裱糊方法

把纸反面向上放平，由中心向四周涂上簿浆糊，而后将纸放到板面上，由中心向四周平刷，在刷平过程中随时将纸提在手中，动作迅速，否则容易起空心泡。

如遇纸张有矾性，上浆糊后稍等片刻，等待纸张水分吃透后裱糊，比较容易裱平。

裱道林纸、牛皮纸在反面涂上浆糊后，必须待渗透几分钟方可裱糊。

裱蜡光纸因正面有裱不易吸水，反面涂上浆糊后，必须渗透几分钟方可裱糊。

黄版纸并合，要两面上浆，而后把浆糊面合并压平，待干燥后方可使用。

会标、对联可以在大红纸上用毛笔写字以后晾干，在字周围粘些形状无规则的金银纸屑，效果较好。

2、制作小装饰品

（1）彩带。用彩色皱纹纸剪成宽2厘米至3厘米，长度任意的长带。

（2）彩链。将宽2厘米，长20至25厘米的彩色纸条两端粘接起来成为一环。再依次做若干环节使之环环相联接，直至达到要求长度为止。

（3）小彩灯。用长20厘米、宽13厘米的蜡光纸，彩纸亦可，沿着长边方向从中对折。在垂直于折缝方向用剪刀以2毫米至3毫米的间隔依次开剪，刀痕长度约占纸宽的3/4。打开后粘接两端，再粘接两个边和提梁、穗便成。

NO4. 学校游园活动的组织指导

游园活动的概述及分工

游园活动的概述

　　游园活动具有小型多样、丰富多彩的鲜明特色，故而备受广大职工群众的欢迎，成为开展文娱活动的一种常用的形式。在节假日组织开展一次内容健康、形式活泼的游园活动，有利于增强学生的身心健康，提高智力水平，锻炼学生的意志和毅力，密切关系，丰富学生的文化娱乐生活。

　　游园活动有很多特点。不拘场地，小公园、花廊、院落、球场、广场、操场等处都可以开展这项活动。

根据场地大小，可以接纳数十、数百、甚至成千上万名师生同时参加活动。

游园时间可由主办者自由掌握，长则二三日，短则数小时。参加者可根据自己的兴趣爱好自由地、游动地选择游戏项目，入、退场不求一致，可以无拘无束，乘兴而来，尽兴而归。

活动项目可根据场地特点灵活设置，随意增减。

游园游戏一般都在绿树花草间进行。活动者一边游园一边参加游戏，既可领略游园活动之闲情逸致，又可感受参加游戏之兴奋快慰，格外尽兴。

活动的组织分工

筹划阶段的工作有：确定游园场地，可利用本单位场地或租用其他场地；确定主办单位、协办单位、承办单位；成立游园筹备委并确定各职能小组成员；制订切实可行的游园游戏活动方案；提出整个活动的经费预算并取得有关领导的批准。

开展游园游戏活动之前要成立一个专门的组织机构，根据本单位的实际情况，如场地、经费、人员等，制订一个周密的活动计划，以求活动开展得成功、圆满。可成立一个游园活动筹备委，筹备委主席由单位工会领导亲自担任，下设活动项目组、道具制作组、经费组、总务组、宣传组、保卫组等职能小组，各司其职，各尽其能，把游园活动组织好。

1、活动项目组

组员可由长期从事工会工作、经常组织各项文娱活动的热心职工组成。该组的主要职能是提出各种可行的活动方案交筹备委讨论，活动项目的设定要考虑到形式、内容符合本单位的实际情况和条件兼顾职工的喜好。

2、游园道具组

当筹备委将游戏项目确定下来之后,部分游戏需要使用道具的,便可交这个组筹办。

道具的来源有三个途径:购买,如气球、手帕等;借用,如锣鼓、桌凳、气枪等;制作,能工巧匠们可根据活动项目组的设想和提供的图纸,本着节约、美观、实用的原则,尽量就地取材,利用现有条件,自己动手因陋就简地进行制作,保证活动的顺利进行。

3、游园经费组

游戏项目一旦确定,该组便可计算出本次游园活动大致所需费用。经费的预算要从多方面考虑。

(1)奖品。根据活动项目设立的奖次定下奖品标准。把各游戏项目奖品的所需费用加起来,便能得出奖品一项所需总经费。

(2)购买或制作道具所需费用。

(3)装饰费。园中需点缀一些花灯、彩球、色带、横幅等装饰物,可提前派人前往商店考察一下有关的品种、价格。

(4)其他费用。如将游园活动的精彩、欢快场面拍摄下来,制成一本资料性画册,那将是非常有趣的。这就必须考虑购买胶卷及冲印费用。另外,工作人员的补助、午餐费等也应考虑到。

总之,经费预算可稍多一些,留有一定余地。经费组将各项经费综合起来,得出一个数字,报有关领导审核拨款。

4、游园总务组

总务组的成员必须具备认真负责、细致勤劳的工作作风。该组的主要工作有:场地的清理美化、道具的安装布置、奖品的挑选采购、茶水食品的供应服务,等等。

5、游园宣传组

宣传组的工作是多方面的。

从组织游园活动的目的意义和直接效果等方面,讲清开好游园活动与各方面工作的有机联系和推动作用,争取各方面的支持协助,使他们感到为工会工作出力是社会责任。

为扩大游园活动的影响,应认真设计、书写并广为张贴海报,使活动有声有色。

设计和印制游园请柬、入场券、兑奖券、工作人员证等。

采写有关新闻报道,邀请并配合有关新闻单位前来进行有声有色地采访。

拍摄照片及录像片,制作剪辑成资料性的画册、专题片。

书写有关横幅、标语等宣传品,以增添节日气氛。

6、游园保卫组

保卫组一般由单位身强体壮、正直勇敢的小伙子组成,主要负责检票、维持园内秩序、制止损坏活动器具、撕扯活动用品的行为,缉拿进行偷窃、破坏活动的不法分子,保证游园活动的顺利进行。

筹备委所属各小组应精干,工作可以兼任。机构确定后,应及时制定工作日程和实施方案并组织力量落实。筹备委还应冷静审慎地设想意外情况,准备应急措施,严防酿成事故。

游园活动的场地及奖品

场地安排

游园活动的场地安排，这里主要指出入口、游戏点疏散通道等安全路径等。游戏点的布局不可随心所欲。应根据场地的大小、光线的强弱、电源、进出口、周围环境、占地多少、使用方法、人流大小、动或静、安全可靠性等来安排。应特别考虑并做到的是：疏密有致，动静结合。

1、入口处

入口处应张贴大红楹联，两旁悬挂纱灯。这些布置要鲜艳夺目，造成一种红红火火、喜气洋洋的气氛。园内纵横交错地拉起彩带、彩链，悬起彩球、彩灯，以增添节日光彩。《游园须知》和《导游图》应设在入口处显眼的地方，一目了然。

2、出口处

与入口处相呼应地张贴一些宣传品，让游园会的热烈气氛贯穿始终，令参加者留连忘返、回味无穷。另外，领奖台最好安排在出口处，以便获奖者领过奖品之后，便由出口处退场，尽兴而归。

3、疏散通道

游园会是深受大家喜爱的一项娱乐活动。游园会常常是人满为患，令主办者大伤脑筋。因此，设立疏散通道是必不可少的。一旦发生意外，即可打开备用门，引导群众撤退。

4、医疗点

备些常用药品及医疗器械，由医生坐阵，随时诊治游园会中的紧急患者。

5、消防器材

为了保证游园人员和财产的安全，必须置备一定数量的消防器材，以防止发生火灾事故。

6、茶水、饭菜供应点

游园会一般都是持续进行的。为使参加者尽兴游园，可设点供应茶水、冷饮、瓜果、糕点，午间供应快餐、方便盒饭，以方便游园的职工群众。

7、广播站

在园内装置几个小喇叭。一来可以指导人们游玩，配合游园活动。二来可以播放一些情调轻快的音乐，以渲染游园会的喜庆气氛。还可以应急，万一出现意外时，可利用广播指挥职工群众疏散。另外，若人多拥挤而走散了孩子、亲友，也可通过广播帮助找寻。

8、舞台

如游园会安排演唱、演奏、朗诵、演讲、灯谜现场抢猜等活动，可临时用砖块、水泥板、木板等材料搭砌一个小舞台，以利于群众观看。

9、发奖处

须将各类奖品备足备齐，并安排专门的工作人员，随时以热情的态度接待游园的职工群众领奖。

10、保卫处

可在此处调解、处理纠纷，查询、讯问不法人员。同时保卫人员也有了个换班休息的场所。

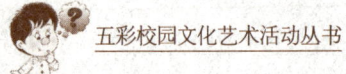

11、指挥部

由主办游园活动的工会领导亲自坐阵，轮换值班，处理协调游园活动中出现的各种问题，接待有关领导的光临和新闻单位的采访。

奖品设置

在游园活动中，为了给与会者以鼓励和喜悦，一般都要发放奖品。奖品的数量和规格要恰到好处，发放奖品将给游园活动增添光彩。

1、奖品购买

在购买奖品时，应考虑到获奖者的年龄、职业、游园活动的时间和主题等因素，使奖品具有纪念性、实用性、群众性。

另外，制定奖票也可以直接分成等级。这就需要对各项目游艺规定获胜一次取得第几等奖。这也是一种组织办法。

在游园活动进行过程中，应对各项目发奖的情况及时了解，调整由于项目难易不等、游玩者人数不等所带来的不平衡，克服发奖前后松紧不一的状况，使到会者专心活动，避免不必要的不平衡，减少对发奖处的压力。

2、活动开展

在这个阶段，全体工作人员各就各位。整个游园会场像一台运转的机器一样开始动作。检票入场，维持好各游戏点的秩序、对奖、发奖……一切有序开展。

3、结尾阶段

在这个阶段，也就是在游园会结束以后，工作人员要认真清场，拆除游戏器具，打扫整理，收拣失物，查点物品用具。召集所有参加游园会的工作人员，开一个总结会，并广泛听取各方面特别是游园职工群众的意见，总结出成功的经验，找出不足之处，以便下次的游园活动开展得更加完美。

学校游园活动精彩案例

活动目的
通过游园活动,希望能增强同学们的爱国热情,同时,在课余的游园活动中获取乐趣,培养能力,劳逸结合放松身心,增进同学对校园的热爱之情,以更加充沛的精力投入到紧张的学习中去!

活动时间
5月14日10:00至13:00。

活动地点
学校后操场

活动对象
全体学生

活动要求
学生游园时不能乱起哄,要按顺序排队参加各游园项目,听从指挥,遵守纪律。

学生游园时,要保持校园干净整洁,不要乱扔垃圾杂物。游园活动结束,各项目负责人清理场地!

提醒学生活动中注意安全,学会谦让,尤其在活动中和奖品发放处。

活动通过设立关卡的形式开展,以班级为单位开始依次突破,最后胜利班级获得班级奖,其他个人项目获个人奖。

注意：获得个人项目奖的和集体奖的奖品放在不同领奖处。

项目及流程

1、趣味接力棒

体育部参加。

规则：场地是100米长的跑道五条，每次人数5人。在场地上放着若干障碍物，让学生手持接力棒，先到的一方为胜。接力棒如果掉在地上，捡回后在失棒的位置开始。每次3组进行比赛，取前两名，通过第一关。

2、齐心协力

社团部参加。

准备：一个篮球，两根一米长的木棍。

规则：每次参赛两人。球放在两根木棍的中间，两人必须始终面

向前方，夹着球通过障碍。球掉在地上则退出比赛，障碍设三道。障碍可由主持人自己设置。如两人同时跨过，从障碍中通过。第二关通过。

注意：每次3组进行，取前两名。

3、共同进步

女生部参加。

场地：找一块长20米、宽8米的草地。

器材：口哨一个、绳子若干。

方法：每班10个人为一个小组，并排站立，将相靠的两只脚用绳子扎在一起，然后各小组同学同时从起点端出发往前行进，最先到达的班级为胜，进入第四关。

注意：每次3组进行，取前两名。

4、跛子骑瞎马

组织部参加。

器材场地准备：在空地上，插上间隔距离相等的两排标枪。将学生分成人数相等的两组，每队10人。各队面对一排标枪排成纵队，站在出发线后。

方法："预备"时，各队前两人，一人扮"瞎马"，用手帕蒙住眼睛，一人扮"跛子"。"瞎马"驮起"跛子"站在起点线后。教师发令后，"瞎马"在"跛子"的指挥下，绕杆曲线竞走，绕折返标志杆后直线跑回。"跛子"击第二组"跛子"手掌后，第二组按同样方法继续游戏。依此类推，最后以先完成的一队为优胜。

规则：击掌时，准备出发的一组必须站在起点线后；途中曲线行进必须按规定要求做；途中，若"跛子"落地，则必须在落地处重新"驮"起；胜利小组获得知识问答卷5张，问题回答对的多的获胜，获得班级游园奖。

个人项目

1、鸡毛信

办公室参加。

规则：参加游戏的同学站成四纵队，每队5人以上。除队首的同学外，其余同学都背朝观众站着。

主持人给每队最前面的同学一张纸条，纸条上写着一些表示动作的词语。这位同学必须转过身用肢体动作向他后面的同学来描述纸条上的词语，不能用语言来形容。

该组的同学一个接着一个地把这个动作做给自己后面的同学看，让最后一位同学来猜。猜对可以发给该队的同学每人一张奖券。

2、吹蜡烛

宣传部参加。

每人吹一次，凡一口气吹灭10支蜡烛者，获奖券一张。

3、带口罩

男生部参加。

每人摸一次，蒙上眼睛转3圈，凡能给模型带上口罩的，可获奖券一张。

4、看看谁最笨

学习部参加。

规则：由主持人起头，由"1"开始报数，依座次"2"、"3"、"4"、"5"、"6"，到"7"时不能喊出来，以拍手代替。当数到"14"、"17"也是如此，即逢7或7的倍数或含7的数字均以拍手代替，出错或太慢则罚，俗称"明七暗七"。人数少可玩"明三暗三"等。

5、野蛮教官

勤工部参加。

规则：8人一组，主持人下口令时，朝相反方向做动作。比如，口令：向左转，组员向右转，出错的组员依次淘汰，直到剩下最后一名同学。最后一名同学获胜，可获得兑奖奖券。

6、隔山打牛——乒乓球碰地进筐

生活部参加。

准备：塑料圆篓，乒乓球30个。

方法规则：站在指定线处，拿乒乓球碰地反弹进筐，每人10次机会。进筐得分，反之不得分。

7、五毛和一块

文艺部参加。

人员：以10人为一组，一定要有男有女，比例不限。

裁判：一名，负责发号施令。

规则：在游戏中，男生就是一块钱，女生则是五毛钱。游戏开始前，大家全站在一起，裁判宣布游戏开始，并喊出一个钱数，比如3块5、6块或8快5这样的，裁判一旦喊出钱数，游戏中的人就要在最短的时间内组成那个数的小团队，打比方说喊出的是3块5，那就需要3男一女或7女或一男5女之类的小团队。请记住动作要快，因为资源是有限的，人员也很少有机会能平均分配，所以动作慢的同学可能会因为少几块或几毛钱而惨败，所以该出手时就出手，看见五毛先下手为强；当然动作快的人员不要一味的拉人，有可能裁判叫的是3块5，但你们团队里已经变成5块了，这时候你就需要踢人了，该狠心时就狠心，一般被无情踹出去的都是可怜的一块。

游戏要领：反应要快，裁判一说出来钱数，就要立刻知道分别由几男几女的团队可以达到要求；动作也要快，抢五毛和踢一块都要又快又狠。

游园趣味表演项目推荐

障碍赛跑

【参赛人数】

参赛人数不限,也可分两队来进行竞赛。

【比赛道具】

下列各种动作都可以作为障碍物:跳远几次;用高跷走路;端一杯水跑;穿过圆环或绳圈;在椅背上缚几个结;地上放十块小木板,一定要踏在这些小木板上跑过去;在一块小木板上放一个小皮球,要托着这个小皮球跑;一边跳绳一边跑等。

在起跑处画一条起跑线,终点处绷一根终点带或画一条终点线。

【竞赛方法】

起跑信号一响,个人立刻向前跑去。按照规定完成各项任务,再跑到终点,看谁跑得最快。

【竞赛规则】

发了起跑信号才能跑出起跑线。

不可缩短跑程。

个人一定要按照所规定的条件和任务进行,违反规定者每次罚一分。

踢踢跳跳过障碍

【参赛人数】

8人至16人，分成两队。

【比赛道具】

在地上画两条线，作为起点和终点，相距约15步。将竞赛者分成甲、乙两队，分别站在起点线后。在终点线上各插一面小旗。在起点线和终点线中各放一个毽子、一根单人跳绳。事先规定跳绳、踢毽子数目。在起点与终点甲、乙两线的相交点放一根长绳，由竞赛者两人在此挥动。

【竞赛方法】

竞赛开始时，两队竞赛者中的第一个人从起点线出发，先跳绳，后踢毽子，然后绕过小旗回到交叉点处跳长绳，最后回到起点线。竞赛过程中，如一次完成所规定的跳绳数和踢毽子数时，可以接下去连续进行，直到符合规定为止。

【竞赛规则】

各队的竞赛者须等本队的前一个人回到终点后方可出发。哪队先

完成哪队获胜。

抢地盘

【参赛人数】

参赛人数不限,分成两队,一队为攻队,一队为守队。

【比赛道具】

守队队员散布在山头,攻队队员在山下。准备小旗一面。

【竞赛方法】

竞赛开始时,攻队队长先安排好计划,分配战斗任务,并叫一名队员带一面小旗,设法插上山头的最高点。进攻令一发出,全队队员按计划执行任务。这时守队队员设法追拍攻队队员,凡被拍中即为俘虏。小旗若被守队夺取,守队就取胜。如果攻队成功地插上小旗,则攻队为胜。两队互换角色,竞赛重新开始。

【竞赛规则】

攻队须在半小时内插上小旗,否则算输。

打野战

【参赛人数】

参加竞赛者约50人,分成两队,选一人担任裁判员。

【比赛道具】

每个队员发一张小纸条,按各队分工,分别写上自己的职务,即总司令1人,军长1人,师长2人,旅长2人,团长3人,营长3人,连长2人,排长3

人，工兵2人，炸弹3人，地雷2人。每队各备一面大旗。

【竞赛方法】

两队各自布阵，选好大本营，把军旗插或挂在大本营适当的地方，以一个人能拿到为宜。然后把本队人员进行合理分工，如有的保护军旗，有的进攻。双方各派一个代表通知裁判员，并一起到双方阵地视察地形、检查军旗。裁判员则站在适中而容易瞧见双方的地方。

裁判员宣布野战开始。双方队员立即进行攻守活动。双方队员相遇时，可以追拍或躲避，双方一有接触，就一起到裁判员处，各自把自己的职务条交给裁判员。裁判员根据陆战棋规则做出判断，或取消战斗资格，或判归队继续参加战斗。

在战斗时双方可以采取多样化的战术，如：伪装追逐，两人合击对方，躲、逃、逗等，设法消灭对方的力量。直到一方把对方的军旗拿到，护送到裁判员处，经裁判员检查该人确系有战斗力时，立即宣布其队获胜。

裁判员站的地点，必须使两队队员都知道。如果人数多，可增加连、排长以下职务的人数。

【竞赛规则】

1、地雷不能主动拍人，但可以做追捕的假动作。

2、被拍后双方一同到裁判员处，双方非当事人不能一起跟去。

3、职务大小顺序为：总司令、军、师、旅、团、营、连、排、工兵、炸弹、地雷。地雷除遇工兵外，遇任何人均同归于尽。

4、裁判员在执行工作中，必须为双方队员职务保密。

正方救三角

【参赛人数】

20人，分为两队。

【比赛道具】

准备一个小布袋，里面松松地塞一些木屑或黄沙。

在场地的一角，画一个大三角形，场中央画一个正方形，沿场界画几个小圆圈，数量不得超过总人数的1/4。

先选两人站在三角形里，一人做带头人，一人做其助手。两人手臂上各戴一个不同颜色的臂章。其余的人站在场上或圆圈里，小沙袋放在正方形里。

【竞赛方法】

哨声响后，竞赛者从一个圆圈跑到另一圆圈。带头人则走出三角形去捉人或拍人，被捉到者到三角形里做俘虏。营救俘虏的方法是：任何人拾起小沙袋，抛给俘虏。俘虏接到后，把它交给带头人，就可恢复自由。小沙袋仍放在正方形里。

带头人的助手可半途拦截抛给俘虏的小沙袋，可捉手里拿小沙袋的人。被捉的人把沙袋交给带头人后，就走到三角形里做俘虏。如果俘虏没有接住抛来的小沙袋，就由助手拾起交给带头人。

带头人则把它放在身前的任何位置上。竞赛者必须灵活地用手或脚把沙袋拨给别人,且避免被捉。一人拿到拨来的小沙袋,其余的人就必须立即把他围起来,至少3个人。围起来的人就和拿小沙袋的人一起走到正方形中去。这时,带头人是不能捉他们的。在正方形里,当拿小沙袋的人把小沙袋掷给俘虏时,各人即从四方形中四处逃散。

若三角形里的俘虏超过了全体人数的一半,那就算带头人和他的助手获胜,否则就算对方胜利。

【竞赛规则】

三角形里除俘虏外,不准站人。每个圆圈只许站一人。站在小圆圈里的人是安全的。

带头人可捉住任何人。助手只能捉手里拿着沙袋的人。

拿走带头人身前的小沙袋的人,如果没有同伴把他围起来,或者围的人没有手牵手,那么,带头人还是可以捉他的。

走出黑暗

【参赛人数】

12人至18人。

【比赛道具】

口罩、眼罩等。

【竞赛方法】

主持人请小队12人全部戴上口罩,坐下,讲走出黑暗的故事。讲罢,请出一人,来到偏静处,让他脱掉眼罩,交给他一张路线图,请他担任向导。路线图可以是厂区,也可以是公园或野外营地。全长为一公里,要经过许多障碍,甚至还得登楼,进地下室,寻找宝藏。

【竞赛规则】

要求除向导外,别人都不准说话,不得偷看,大家手拉手成一队,在向导的引领下,尽快完成任务。

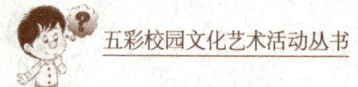

熟悉姓名

【参赛人数】

8人至12人。

【比赛道具】

任意一种小球。

【竞赛方法】

各小队成一个松散的圆阵,做下列活动:

用一个小球从排头开始,依次按逆时针方向传递,一边传一边大声地报出自己的姓名,直至传完一周。

当你接到球后,必须喊出任意一个队员的姓名,然后把球扔给他。

熟练后,用2个、3个球来做第二个练习。

结束之前,请一名队员来到圆心,依次报出各位队员的姓名。

【竞赛规则】

报不出两个以上姓名者为输。

中西礼仪

【参赛人数】

6人至10人。

【比赛道具】

西式礼帽等。

【竞赛方法】

各队出一名选手来到台前成一列横队站好。主持人先讲解并示范中西方男女的礼仪:中男拱手为礼;女双手放于左腰上,行屈膝礼。西男摘帽,稍弯身;女两手拉裙屈膝。机敏测验开始,主持人走到任何一人面前,说声:"您好!"并向他行礼,若行的是中国男子之礼,对方便要行西方女子之礼来答礼。若行中国女子之礼,则答西方男子之礼,反之亦然。

【竞赛规则】

答礼人慌乱中做错，便退下场，最后剩下的，名次列前。

姚明投篮

【参赛人数】

6人至10人，分为两队。各队出一名选手，从场上任挑一位队员，合作完成这项任务。

【比赛道具】

篮球场、篮球、篮球衫、面具等。

【竞赛方法】

准备：让队员骑坐在选手的双肩上，套穿上一件特大特长的篮球衫，戴上姚明的面具，两眼挖空，能看见的，选手用双手扶住队员的大腿，穿套上特大球衫后他也能透过球衫的小窗口看到前方。

练习：给一分钟运球、投篮的练习机会。

比赛：从起点出发，运球三步上篮，投进篮即可得分。

【竞赛规则】

两人必须配合默契，上下运球前进，如同一人，不能掉下，否则为失误。

投篮进筐

【参赛人数】

8人至16人，分为两队。

【比赛道具】

在地上画一条投掷线，其5米外布置一只箩筐，准备一只布口袋，内装30个网球或乒乓球，蒙目套一个。

【竞赛方法】

甲蒙目站在线后，背对箩筐，在乙的语言提示下，不断调控出手的轻重、远近和左右，进行投球，直到投进三球为止，换下一人进行。等到每个人都体验过后，讨论一下体会。

【竞赛规则】

各队以进球的多少论输赢。

请朋友

【参赛人数】

10人至20人。

【比赛道具】

大家围圈坐在椅子上，另加一只空椅子，主持人播放轻音乐。

【竞赛方法】

竞赛开始，空位两旁的人要拉着手跑到对面去邀一个人，请他坐上空位置。于是，又出现了一个空位，旁边两人又得继续拉手去邀请。

【竞赛规则】

如此进行下去，过上一阵后，音乐中断，空位旁的两人或来不及回座位的三人，则要表演一个小节目。

托排球

【参赛人数】

6人至12人，分成两队。

【比赛道具】

一个小队一只排球。

【竞赛方法】

各队围成一个松散的圆阵，发给一只排球，发令后，开始托垫球，一边托垫一边大声喊出次数来。

【竞赛规则】

如果失误了，必须立即拾起再从头数起，在规定的2分钟时间内，托垫得多的队名次列前。

拉圈传棒

【参赛人数】

10人至20人，分成两队。

【比赛道具】

接力棒。

【竞赛方法】

背对圆心，手拉手成一圆圈。主持人发给排头一根接力棒，夹在下巴颏和脖颈之间，发令后，依次按逆时针方向传递，不得松手。

【竞赛规则】

不慎掉棒必须趴倒在地，重新用规定的部位夹起，继续朝下传递，先完成三圈的队胜利。

挤占轮胎

【参赛人数】

10人至20人，分成两队。

【比赛道具】

充气轮胎。

【竞赛方法】

各队发一个充满气的轮胎,开始前可讨论3分钟并尝试,正式开始时主持人发令,各小队迅速挤踩在轮胎上面,要求身体的任何部位都不得着地,看哪个队最快做到,并能坚持2分钟。人数不易太少,轮胎上挤满人为宜。

【竞赛规则】

有1人未上即为输。

架桥过河

【参赛人数】

30人至50人,分为两队。

【比赛道具】

在地上画两条相距为15米的平行线,代表"小河"。发给各小队13把椅子。

【竞赛方法】

在起点线后排成一纵队,人都站在椅子上。发令后,各队齐心合力把后面一只空余的椅子传到起点线前,12人依次向前移,再把后面空出来的椅子传到前面。如此连续挪椅移位前进。

【竞赛规则】

人自始至终不能离开椅子,椅子之间不得有空隙,否则判为失足掉进河里,酌情扣分,安全到达彼岸的队即可得分。

发挥想象力

【参赛人数】

8人至10人。

【比赛道具】

用硬纸板准备一些圆形、三角形、长条、四方形的图形。

【竞赛方法】

邀请若干队员上场,主持人给一人一个圆和一个长条图形,请他在规定的一分钟内,利用自己丰富的想象力进行发散性思维,尽可能多地说出这两个图形可组合成哪些东西。例如圆和长条成垂直就是一把伞,也可把它看作是一张大饼一根油条、笔记本和钢笔,还可以组合成篮球架、镜架、苍蝇拍……

【竞赛规则】

以组合巧妙、合理、形象、丰富多彩、让人觉得言之有理名次列前。

同心协力

【参赛人数】

20人,分成两组。

【比赛道具】

排球20个。

【竞赛方法】

小队每个人双膝夹住一只排球站成纵队,后一个人搭在前一个人的肩上,排头双手叉腰。发令后,同心协力从起点跳跃前进并喊口令:"一,二!一,二!……"至15米处的折返线后全体向后转,左手搭住前一个人的右肩,排头左手叉腰,右手持球,大家一起喊有节奏的口令运球返回。

【竞赛规则】

中途不能失球或散架,如果失误了必须重做,直至成功。

竞赛舞

【参赛人数】

6人至18人,每6人为一组。

【比赛道具】

音乐播放器。

【竞赛方法】

每3个人手拉手成一个大圆圈,然后令甲、乙、丙三人站在圆周线上,围成一个小圆圈。音乐一响,第一、二个八拍:大家拍手,各小圈的甲用跑跳步,绕二周后回到原位。第三个八拍:甲、乙、丙胸前击掌两下,侧平举,与左右的人击掌两下,同时左脚侧开点一下地。第四个八拍:甲、乙、丙胸前击掌两下,半体前屈半蹲,双手拍自己的臀部两下。第五个八拍:甲、乙、丙手拉手,逆时针方向跑跳步一周。第六个八拍:边唱"嘿!嘿!嘿!"边用单足跺地三下,然后用手心手背法猜拳。如果三人全都一样,则仍由甲开始领跳。

【竞赛规则】

如果有一人与其他两人不同,则由他担任下一轮的领跳者。之后,音乐重复,第一、二个八拍,领跳者必须绕本圈一周后,跑到下一个小圈,下面动作同前。

乘公共汽车

【参赛人数】

8人至10人。

【比赛道具】

椅子、瓜皮帽、纸棒。

【竞赛方法】

各队派一名选手来到台前,各坐在一把椅子上。主持人有表情地朗读一则小故事,要求参赛选手头戴一顶瓜皮帽

扮演"小明",听见"站"字坐下,听到"坐"字站起来,谁做错就得挨一下站在其后面队员的纸棒,最后做错的次数最少者,还要回答几个文明礼貌的小问题,答得好的为优胜。

朗读的小故事可为:

……有一次,小明和妹妹乘公共汽车。上车后,小明发现一个空座位,他丢下妹妹赶紧跑过去坐下。这时,过来一位老奶奶,她扶着拉手,站在小明身边。

妹妹对小明说:"哥哥,你看你,你坐着奶奶站着,多不好啊!你赶快站起来,让奶奶坐吧!"

小明挨了批评,心里很不高兴,赌气说:"你让我站着,我就偏不站,我要坐嘛!"

老奶奶听了笑笑说:"没关系,你坐吧,我不坐。"

妹妹站在小明身旁气得噘起了小嘴,说:"你真不懂礼貌,我再也不愿站在你旁边了!"

这时,汽车到站了,那位老奶奶下了车。望着老奶奶远去的身影,小明的心里很不是滋味,他觉得自己是错了,情不自禁地站起来,悄悄地离开了那个座位,嘴里自言自语地说:"哎,怎么搞的,坐和站,站和坐,坐坐站站,站站坐坐,坐站坐站,站坐站坐,坐站站坐,站坐坐站,到底是站还是坐,今天我怎么糊涂了!"

【竞赛规则】

做错达3次者为输,轮到下一个做。

请尝山楂片

【参赛人数】

人数不限。

【比赛道具】

山楂片。

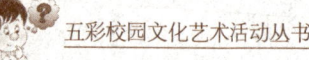

【竞赛方法】

主持人请队员们放松站立,双手在背后扣住,各自把头仰抬起来,依次在他们的额头上放一片山楂,要求他们巧妙地改变头的位置,使山楂片移动,落进自己的嘴里,吃掉。

一旦成功马上可以说:"我成功了!"主持人便可马上再给他在额头上放一片。在规定的时间内,吃到山楂片多的受到奖励。

【竞赛规则】

若将山楂片落地,不得拾起,但可另外再给一片。

倒跑比赛

【参赛人数】

人数不限。

【比赛道具】

接力棒。

【竞赛方法】

(取4组第一名)每团体出4组,每组4人,1男3女,第一棒男队员,每人跑50米,要求拿上接力棒,传给下一个运动员。

【竞赛规则】

不准侧身跑。

串珍珠

【参赛人数】

8人至10人。

【比赛道具】

珍珠或算盘珠若干、细铁丝、筷子。

【竞赛方法】

比赛采用接力形式进行,每队第一个人听到发令后,跑向终点处用筷子夹起珍珠串到细铁丝上跑回,第二个人继续,最先串完珍珠的队为胜。

【竞赛规则】

中途不准掉珠，否则视为犯规。

海豚戏珠

【参赛人数】

男女各5人。

【比赛道具】

呼啦圈、大网兜、排球、筐。

【竞赛方法】

参赛队员成一纵队站在起跑线后，比赛开始，第一个人手拿排球向前跑出，钻过呼啦圈到达终点将球投进筐内，然后再拿一球跑回起点交给第二个人，依次进行，以先完成的队为胜。

【竞赛规则】

胜者以筐内球数为准。

争分夺秒

【参赛人数】

8人至16人。

【比赛道具】

水桶、水杯、水瓶、水。

【竞赛方法】

参赛队员一纵队站在起跑线后，比赛开始后拿空水杯在水桶中盛满水后向前跑至折返点返回，途中将水杯中的水倒入空水瓶中，将水杯交给下一个人，依次进行。

【竞赛规则】

比赛时间3分钟，比赛结束以各队水瓶中水的多少判定名次，水多的队为胜。

脚夹球跳接力赛

【参赛人数】

10人至12人。

【比赛道具】

接力棒，软式排球。

【竞赛方法】

把一个队平均分成A组和B组，两组相对站立，相距15米站成一纵队，A组的第一个人手拿接力棒，两脚夹一软式排球准备。当听到信号后，以蛙跳方式跳向本队的B组的第一个人，同伴接棒后，采用同样方式跳向A组第二名队员，重复进行，以各队完成时间长短排定名次。

【竞赛规则】

在跳的过程中，球若掉落，须在原地夹好后再继续跳进，否则判为失败。

球类沙龙

【参赛人数】

10人至12人。

【比赛道具】

足球、篮球、排球、网球、毽球、乒乓球、塑料筐。

【竞赛方法】

各队成一纵队站在起跑线后，起跑线前每隔5米放置一个筐，筐内依次放置足球、篮球、排球、网球、毽球、乒乓球等器械。

【竞赛规则】

要求队员每经过一处要用颠、拍、垫、踢等方法击打各类器械5次。比赛采用接力形式进行，先完成的队为胜。

大猩猩赛跑

【参赛人数】

男女各5人。

【比赛道具】

软式排球。

【竞赛方法】

参赛队员成一纵队，第一个人用腹部夹紧软式排球做好准备，比赛开始，由第一个人开始向前跑出，绕过标志物跑回，将软式排球交给第二个人，依次进行，以先完成的队为胜。

【竞赛规则】

中途掉球者应重新夹起球再比赛。

运沙包投篮

【参赛人数】

男、女各6人。

【比赛道具】

沙包、纸篓。

【竞赛方法】

各队成一纵队站在起跑线后，排头两脚夹一沙包准备。比赛开始，采用双脚跳跃的动作出发，跳到15米远处时双脚夹着沙包起跳，将沙包投入纸篓跑回，依次进行，先完成的队为胜。

【竞赛规则】

（1）只能用双脚投篮。

（2）每投进一球，总时间减掉两秒。

行路难

【参赛人数】

男、女各6人。

【比赛道具】

体操棒。

【竞赛方法】

各队分成两组相距15米准备，排头将一体操棒放在两脚脚面上。比赛开始，用后脚跟着地向前行进，到对面将体操棒交给第一个人，依次进行，每个人跑一次，先跑完的队为胜。

【竞赛规则】

体操棒若中途掉下，须在原地拾起放好后再前进。

游园趣味游戏项目推荐

套圈

　　用硬纸板做成数个小动物，小动物纸板后面支一个小木棍，使小动物能在地上立起来。用藤条或柳条做成数个圆圈。

　　游戏开始，把小动物交错地立在场地上。在距场地2米左右的地方画一条白线，作为起点线。游戏者手拿3个圆圈，站在起点线外向小动物套去，每套住一个小动物，得奖1分。也可用各种实物代替小动物，

套中什么奖什么。

钓鱼

用硬纸板做成鱼状，嘴都安一小环。钓者在一定的距离外用钓钩将鱼钓起，多者为胜。也可根据钓鱼上钩的远近和难易程度给予一定的物质奖励。

钓瓶

备空酒瓶数只，用木竿作鱼竿，用一寸长的小细棍当鱼钩。游戏者用钓竿将瓶钓起，多者为胜，给予一定的物质奖励。

吹蜡烛

将3支蜡烛固定在桌子上，排成一条直线，间隔10厘米。在距离桌子2米处画一条白线。游戏者用毛巾蒙住眼睛，然后向桌子走去，走到自己认为可以吹灭蜡烛的地方为止（身体不能碰桌子），用力向前吹去，一次吹灭3支蜡烛者获胜。

剪取奖品

在场地上挂起一根铁丝，铁丝上挂上钢笔、糖果、小动物等一类的小奖品。在距铁丝4米至5米处画一条白线。游戏者手持剪刀站在白线上。主持人将游戏者的眼睛蒙上，然后让他就地转一圈。游戏者待站稳后，向前走去，走到铁丝前站下来剪奖品。被剪中的奖品归游戏者所有。

点爆竹

用较高的木板遮住游戏者的视线，木板的前面用沙土铺平，插上一些小爆竹。游戏者坐在木板后面的小凳上，手持钓鱼竿，"鱼线"底部系一根点燃的香。游戏者将鱼竿伸过木板去，用香点燃小爆竹。凡点燃3个以上爆竹者获胜。注意比赛时应根据情况规定点燃爆竹所用的时间。

坐椅子

一处长2米、宽2米的正方形场地作为比赛场地。任选一角为起点，最后一个角则为终点。终点处放一把椅子。将游戏者的双眼用布蒙住，站在起点上。哨声一响，游戏者开始向前走6步，到第二个角时转弯再走6步，到第三个角时再转弯继续向前走6步，然后准确地坐在椅子上。坐到椅子上便获胜。注意：走向终点时不得碰到椅子，坐椅子时要慢，以防跌倒。

青蛙跳水

用3个饭碗，"品"字形放在地上，饭碗里盛满水。每个参加游

艺的人领5只乒乓球代表青蛙。在距离水碗2米外的地方，将乒乓球一个个地投到饭碗里去。规定若有3只"青蛙"跳入水里去的，可获一等奖。两只"青蛙"跳入水里的，可获二等奖。

争先看字

比赛时，两人为一组。主持人将写了一字的方形纸，纸和字要大些，贴在两人的背上。游戏开始前，背上的字绝不许让对方看见。游戏进行时，每人将手背在后面，相互斗智，看谁能看见对方背上贴的字，先看到、而且讲对什么字的，为胜利者。这个游戏也可以数组同时进行。

抢占山头

画一正方形场地，四角各画一个圈。参加游戏者为5人，四角每个圈内站一人，场中间站一人。游戏时，指挥员发令"开始"，四角圈内人立即向邻近角跑去"占领山头"，即4人互换；中间一人则乘机抢占四角任一"山头"。未抢到的一人，站到场中。游戏继续进行。

攻守战

在地上画一个直径2米的圆圈，圈内分散放3个至4个石子，石子不能太小；放置位置以圈外人伸手能拿到为限。游戏者3人：圈内1人为守卫者；圈外2人为进攻者。

主持人一声令下，进攻者可从各个方向去拿圈内的小石子；守卫者则不准进攻者拿，以手拍打进攻者，被拍中者即被取消进攻资格。如小石子全被进攻者取走，守卫者便以失败论。游戏时，注意守卫者和进攻者都不准越线出圈拍人或进圈取石子。

老虎与老鹰

在地面上画一道中线，离中线两面各50米远的地方再各画一条线，线后面就作为"老虎"与"老鹰"的"家"。将游戏者分成人数相等的两队，确定哪队是"虎"、哪队是"鹰"。各队离中线一步排成横队,背对背站在线的两边,面向自己的"家"。

主持人站在中线附近喊"老虎"或"老鹰"。每次喊时,两字之间稍停顿一下。喊到"老虎"时,"老鹰"队要立即向自己的"家"飞去,"老虎"队则要立即转身去追捕"老鹰",被追捕的人被手拍着就算抓住。尔后,由主持人统计被捕人数。

接着,两队再站到原来的地方。如此进行3次至5次,双方追捕的次数要相等。最后进行评比,哪个队在这一段比赛中抓的人次多,就算哪队得胜。

瞎子打锣

用铜锣一面,挂在离地1.5米的空中。游戏者手拿锣槌,站在离锣5米至6米远的地方,被蒙上眼睛,由主持人领他就地旋转两圈,再让他面对铜锣,叫他向目标走去。前进过程中别人不得为他提示方向。游戏者到达目标后不准用手摸锣,以一次能敲响铜锣者就算优胜。或可事先在铜锣中心用粉笔涂出一个比五分硬币略大的圆块,游戏者击中圆块可获胜。

贴鼻子

架子上画着人或动物的面部像,鼻子部位则仅画虚线。游戏者的眼睛被蒙上,手持"鼻子"纸片,在规定的地点走至画前,再在原地转几圈。以首次贴中鼻子者为胜。

推气球

在地上画长1米、宽60厘米的界线,将这界线平均分成三格,规定最近一格的数字是1分、中间一格是3分、最远一格是6分。每人拿3个气球,站在距离界线1.5米的地方,用推铅球的姿势将它推到格子里去。获2分至5分的得三等奖,6分至9分的得二等奖,10分至14分的得头等奖,15分以上的获得特等奖。

跳烛

在长10米的一条直线上点燃10支蜡烛，烛间相距1米。游戏者在这段距离内双脚并跳前进。在两分钟内跳完而蜡烛不灭者获胜。

球击猫头鹰

画一只大大的猫头鹰，粘贴在三合板上，猫头鹰的眼睛要一只睁、一只闭。工作人员将睁着的一只眼睛用剪刀挖空。准备若干个乒乓球。在距猫头鹰2米处画一条白线作起点线。游戏开始，游戏者站在白线后面，手拿5个乒乓球投向猫头鹰睁着，即被挖空了的眼睛。投中球越多，奖励越多。

盲人踢球

在场地上放置一个足球，在距足球数米处画一横线。游戏者背对足球站在横线上用手巾把眼睛蒙上。游戏开始，游戏者向后转前进踢球。踢中者获胜，踢出20米以外者得大奖。

气球投篮

准备数个气球、数个纸篓。将纸篓放在凳子上，在距凳子2米处画一条白线，作为起点线。游戏开始，游戏者站在起点线外，向纸篓中投气球，每人投3只。3只全部投中者获胜。

巧吹乒乓球

在一张桌子上放两个小碗，两碗相距30厘米，其中一个碗中放入一个乒乓球。游戏者站在离碗50厘米处吹球，使其落入另一碗中。吹入者获胜。

鱼钓鱼

用小木棍或小块木板做成12条鱼，分别编上1、2、3、4这四个号码，每个号码有3条鱼，均涂一种颜色。在1号和2号木鱼的嘴和尾部都装一个铁丝钩，3号鱼只在嘴部装一个钩子，分四组放在地上。再制4根1米长的竹竿，竿头缚一根0.3米长的铁丝，要直，下面弯成鱼钩

形。游戏者4人，每人拿一钓竿，站在离鱼1.5米处，先钓1号鱼，再用1号鱼的尾钩去钓2号鱼，最后，用2号鱼的尾钩钓3号鱼。能以最快速度钓起3条鱼者得胜。

人套人

用厚纸做3顶至5顶高的尖帽子，帽尖上分别涂上各种颜色，并画上花纹。另外用藤或竹做若干个直径约7寸的套圈。游戏者3人至5人，各人戴上尖帽子，手拿5个套圈，向其他人的尖帽子上套，一边套别人，一边又要防止被别人套中。套圈扔出后如落在地上，就不准抬起再套，作失去1分算。每套中一个圈得一分。以分高者为胜。为使游戏紧张又活泼，可伴放音乐或敲锣打鼓。

抛毽子

用粉笔在地上先画一个直径25厘米的小圆圈，再画一个直径70厘米的同心大圆圈，把大圆圈分为6个相等的部分，标上不同的分数，如：50、15、30、5、40、10分等，中间标上100分。再做一个鸡毛毽子。游戏者站在距大圆圈4米以外，向分数圈抛毽子，压线作废。每人限投两次。以得分最多的为优胜者。

荡篮投球

准备一个篮子、3个小皮球、一条绳子。绳子一头缚在篮子的环柄当中，一头吊在树上，篮子离地不得超过1米。游戏时，由主持人推动篮子，使它来回摇荡。游戏者站在离篮2米外的地方，手拿3个皮球，一个个向篮里投去。以投中多的为优胜者。

走九曲桥

在平地上用粉笔画有9个曲折的长桥。要注意桥身的阔度最少70厘米，每段弯曲要相当，距离不要过分悬殊。游戏者看清楚九曲桥的长度、阔度后，在桥的一端，蒙好眼睛，向前走去。若脚踩在线上，仍可让他继续行走；若走到了线外，就算跌进了河里，主持人就要叫他

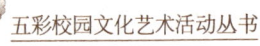

停止前进。通过曲数越多,奖级越高。

夹弹子

用5只普通玻璃茶杯,装上半杯水,每只杯里放10粒玻璃弹珠。再备5双普通筷子和5只空容器,如碗、碟或盘子。游戏者手拿一双筷子,把杯里的弹珠夹起,放到空容器内。在主持人发出"开始"的口令后1分钟内,谁夹出的弹珠多,谁便获胜。

注意:比赛时玻璃杯和空容器之间应有一定距离;弹珠掉了得重新把弹珠放入杯里,从头开始。

捕绳

此为两人游戏,1人手持长3米至4米的绳子一端,绳的另一端拖地,另一人站在旁边。主持人发令后,拿绳子的人一边晃动绳子一边沿场绕圈跑;另一人追着去踩绳,踩中了就胜利。然后两人互换位置,游戏重新开始。主持人可用秒表计算两人分别需用多少时间踩着绳子,以时间长短决定胜负。要注意的是持绳者绳尖不准离开地面。

捉贴子

把游戏者分成人数相等的几队。准备5个小沙袋,或5颗小石子。游戏者将5个小沙袋握于右手,用食指和拇指扣住其中一个,然后把其余4个撒于桌面上。接着把留在手中的沙袋向上抛出,迅速捉起桌上合适的1个沙袋并接住落下的1只。

以下用同样的方法抛、捉、接,直至桌上沙袋全数捉在手中为一轮。第二轮为一次捉2只沙袋,第三轮为一次捉4只沙袋。如捉完三轮不失误,则继续从第一轮开始捉。如其间有失误,或多捉、少捉及触动相邻沙袋则换第二个人做。以完成轮次多者为优胜。

游园趣味谜语竞猜推荐

无中生有谜语

无中生有谜语即谜面为一张或数张空白无字的纸,"不着一字"的灯谜。

这类空空如也的谜乍看上去荡然无物,似乎令人很难下手,其实只要我们摸准它的诀窍,从"空"、"白"、"无"等方面去琢磨,这闷葫芦便不难打破。

例如:"一张空白的纸条,当谜条悬挂着",打《西游记》中一人名,谜底则为"悟空";打一食品名,谜底就是"光面";用"粉"颈格,即谜底第二字为谐声字,打一中药名,谜底当作"白芷"。

"悬着两张空白纸条",打唐诗《长恨歌》中的一句,谜底为"两处茫茫皆不见"。"连贴出七张空白纸条",打一字,谜底则是"皂"字,而且这则谜的谜底和谜面一黑七白,相映成趣。

除了白纸的"不着一字"灯谜外,另有使用颜色纸的无文谜。曾有人以一张空白的红纸条,打一中药名,谜底为"一片丹"。

金蝉脱壳谜语

这类灯谜,运用了谜底中文字互相抵消的办法,使得谜底和谜面丝丝入扣。

如"坍",二花卉名,谜底为"牡丹、牵牛",牡丹去掉牛即成"坍"字了。

这类"金蝉脱壳"的谜语有个特点,那就是其谜底中必定隐藏着"无"、"少"、"去"、"空"、"失"、"没"等表示抵消的字和词,只要我们掌握这个特点,猜起来就容易得多。如:"妇女解放翻了身",打两味中药名,谜底是"山药、没药"。"山药"之中没有"药"字,恰成"山"字,以扣谜面,"妇"里"女"字解放,再翻个身即为"山"。

"金蝉脱壳"的方法当然不只限于在谜底之中使用,谜面上也可使用。如:"大油田出油",打一字,谜底是"奋"。谜面5个字中"油、出油"互相消除,仅有"大田"来射"奋"字。这种谜颇似"明修栈道,暗渡陈仓",谜味盎然,煞是有趣。

欲擒故纵谜语

这类谜,作者在谜面上罗列人们习惯组合在一起的词句,却故意将其中的一个漏写,卖个破绽,看猜者能否觉察。

例如有一旧谜："金、银、铜、铁"，打我国一地名，谜底为"无锡"。这谜若从字面上寻思，是无法破的。反过来从"五金"俗称"金、银、铜、铁、锡"为"五金"上想，就会发现漏了个"锡"，"无锡"就猜出了。这类谜的一个共同特点，是在一些约定俗成的同类词排比罗列时漏去其中一个，因此，就要当心谜面中有没有"故纵"的字眼，如有的话，紧追漏词不放，细加琢磨，准能射中。

如谜面是"红、橙、绿、蓝、紫"，打一成语，我们就只有从"光谱"中的七种颜色去猜了。列举了五种，尚缺"青黄"二色，从这上面想去，谜底便不难猜出了，是"青黄不接"。

有人还将数学符号拉来入谜。如"＋-＋"，徐妃格，打一作家名，谜底是"艾芜"，即去掉偏旁部首，以"×元"相加，此谜另辟蹊径，饶有风味。

当然，有时候作者漏掉几个词，你就要特别留心，从谜面上搜索，勿被瞒过。

猜这类谜还有一个诀窍，就是这些谜的谜底中总离不开表示没有，如"无"、"少"、"缺"、"欠"、"遗"、"失"等意义的字，将谜面中漏去的词再加上上述的字，就是你猜的谜底了。

抛砖引玉谜语

这类谜语是面底互应，承上启下，而不是会意体，对诗词类较适合，往往是写出一些名句的上句，要猜的人依此推出下句的含义，再思索成谜底。

如用李白《送汪伦》中的"桃花潭水深千尺"打一成语，谜底是"无与伦比"。因该诗下句是"不及汪伦送我情"，以再没有比汪伦对我的情深的意思，烘托出谜底。

除了诗外，用词的也常有之。以李清照的《如梦令》句"试问卷帘人"为谜面，打一纺织品名，谜底是"花呢"。这词从下半阕的词

意中,我们获知作者在问卷帘人庭院之花怎样了?所以这里的谜底应理解为疑问口气"花呢?"。

猜这类"承上启下"的灯谜,就要求猜者熟读古典诗词,见此及彼,得心应手地解开谜底。

又如:"白日依山尽"为面,打我国一足球名将,下句定为"黄河入海流",不正是"黄向东"之意么,谜底就水到渠成了。

瞒天过海谜语

这类谜语是将字、物扭转成不同的角度后而成谜面。

如:把"夫"写颠倒为"￥",打一曲艺形式,谜底为"二人转"。这个"转"字活化出谜面的神态,有趣极了。

根据"辗转反侧"的程度不同,我们可得出不同谜底来:如"×",打一京剧名,因为它是个"十"字倾如斜坡,故谜底当是"十字坡"。

由于这种谜是将谜面上的字故意"辗转反侧",因此谜底总离不开"倒"、"颠"、"反"、"转"、"侧"、"歪"、"斜"等意义,如果我们明了这一点,猜起它来就八九不离十了。

谜魂阵谜语

此类谜语往往加注有迷惑人的说明:如在谜面旁加注着一些诸如"此谜出丑"、"此谜见不得人"、"此谜请勿见笑"等自谦之词,或加注鼓励和自诩的词或话,你可千万别以为这是作者虚怀若谷,须知这正是在故布疑阵,切莫被其瞒过。因此,我们猜谜的时候,尚需将这些自谦鼓励之词也算作谜面的一个组成部分去动脑筋,才有可能猜中谜底。

如:"空欢喜",打一战国人名,注有"此谜见不得人",谜底为"伯乐"。"见不得人",即是将谜底中"伯"去掉"人",剩下"白乐"来扣合谜面。

添有鼓励字眼的。如："一伙懒汉"，打一成语，注有"此谜用心便能猜中"，谜底为"各不相干"。"用心便能猜中"意为用上一个心字，此谜便迎刃而解了，使谜底从"各不相干"变成"各不想干"，不正是谜面"一伙懒汉"的写照吗？这种不露痕迹的鼓励话儿，也不能忽视。

加注自诩词话的是乍看之下，好像制谜者在用"激将法"向猜谜者挑战，其实这也是迷魂阵，也该将这些自诩词作为谜面的一个组成部分，去推敲出谜底来。

如："陕西姑娘"，打词一牌名，注有"此谜休想猜出"，谜底是《忆秦娥》。"休想猜出"四字是交代不要这"想"，即"忆"字才能猜出，就留下"秦娥"来紧扣"陕西姑娘"谜面了。

任凭制谜者怎样巧设疑阵，只要我们懂得附加的字句皆为谜面不可分割的一部分，据此细加思索，这些迷阵是不难被破掉的。

连环计谜语

即字词或物重写或重放置。

如："爸爸"，打一清代著名学者名，谜底是"严复"。爸即为家严，"爸爸"二字为严复。

"叠字谜"大多在谜底中隐藏着数字，而这个数字与谜面叠字的多少有关，只要掌握这个关键，破谜也就不难了。

如："泳泳泳泳泳泳"，打一宋代诗人名，谜底为"陆游"。

但"叠字谜"并不是千篇一律的，如果让谜面来个转折，那么就显得有趣曲折了。

如："袭袭袭袭袭袭袭袭袭袭袭袭"，打一京剧名。十二要看做一"打"，袭字即龙衣，故而谜底是"打龙袍"。

人物类谜语

大热天吃雪糕。（打一现代名人）

（谜底：冰心）

川币。（打一现代名人）

（谜底：巴金）

绿化北京城。（打一名著里人物）

（谜底：燕青）

黑棋输了。（打一名著里人物）

（谜底：白胜）

正是寒风凛冽时。（打一名著里人物）

（谜底：方腊）

疏于练功。（打一名著里人物）

（谜底：武松）

春秋半部，日月同辉。（打一名著里人物）

（谜底：秦明）

五颜六色红为尊。（打一名著里人物）

（谜底：朱贵）

孔雀收屏。（打一名著里人物）

（谜底：关羽）

凿壁借光。（打一名著里人物）

（谜底：孔明）

地名类谜语

双喜临门。（打一地名）

（谜底：重庆）

一路平安。（打一地名）

（谜底：旅顺）

倾盆大雨。（打一地名）

（谜底：天水）

银河渡口。（打一地名）

（谜底：天津）

宝树丛丛。（打一地名）

（谜底：吉林）

东南北。（打一地名）

（谜底：西藏）

相差无几。（打一地名）

（谜底：大同）

船出长江口。（打一地名）

（谜底：上海）

江淮河汉。（打一地名）

（谜底：四川）

四季温暖。（打一地名）

（谜底：长春）

带枪的男人。（打一地名）

（谜底：武汉）

风平浪静。（打一地名）

（谜底：宁波）

大江东去。（打一地名）

（谜底：上海）

永久太平。（打一地名）

（谜底：长安）

蓝色之洋。（打一地名）

（谜底：青海）

兵强马壮。（打一地名）

（谜底：武昌）

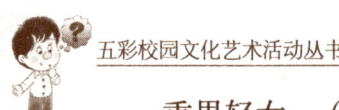

重男轻女。（打一地名）

（谜底：贵阳）

金银铜铁。（打一地名）

（谜底：无锡）

东方有战事。（打一地名）

（谜底：西安）

滚滚江水。（打一地名）

（谜底：热河）

字词类谜语

休要丢人现眼。（打一字）

（谜底：相）

书香门第。（打一字）

（谜底：闽）

镜中人。（打一字）

（谜底：人）

元旦。（打一字）

（谜底：明）

平均地权。（打一字）

（谜底：坐）

我没有他有，天没有地有。（打一字）

（谜底：也）

观不见有鸟飞来。（打一字）

（谜底：鸡）

拱手让人。（打一字）

（谜底：供）

十日谈。（打一字）

（谜底：询）

成语类谜语

百花齐放。（打一成语）

（谜底：万紫千红）

足不离松土。（打一成语）

（谜底：脚踏实地）

五句话。（打一成语）

（谜底：三言两语）

弃文就武。（打一成语）

（谜底：投笔从戎）

品。（打一成语）

（谜底：三缄其口）

静候送礼人。（打一成语）

（谜底：待人接物）

空袭警报。（打一成语）

（谜底：一鸣惊人）

事物类谜语

姊妹排排，露水飘飘，黄带捆腰。（打一劳动方式）

（谜底：拔秧）

上层人露身不开口，下层人开口不露身。（打一文艺形式）

（谜底：木偶戏）

面朝泥水背朝天，手执仙花水面点，由青变黄生珠粒，由黄变白可卖钱。（打一劳动形式）

（谜底：插秧）

铁底铁面，泥底泥面，将军把舵，一对蜡烛向前。（打一劳动形式）

（谜底：犁田）

自然类谜语

一个勤俭老公公，天一明亮就上工，

有朝一日不上工，不是下雨就刮风。（打一自然现象）

（谜底：太阳）

有时落在山腰，有时挂在树梢，

有时像面圆镜，有时像把镰刀。（打一自然现象）

（谜底：月亮）

金圆盒，银圆盒，满天下只有两个。（打一自然现象）

（谜底：日和月）

青石板，板石青，青石板上钉银钉。（打一自然现象）

（谜底：星星）

一只老鸡，引一群小鸡，

晚上从门前过，天明不见一个。（打一自然现象）

（谜底：月和星）

建筑类谜语

生在青山石崖，死在大路旁边，

有能者平安通过，无能者埋怨爹娘。（打一建筑用语）

（谜底：路碑）

远望一个圈，半个湿来半个干。（打一建筑用语）

（谜底：桥）

说是屋，不是屋，有门没窗户。（打一建筑用语）

（谜底：窑）

老大老大，四脚发跨，

嘴里吃人，肚里说话。（打一建筑用语）

（谜底：屋）

千补钉,万补钉,补钉搭补钉。(打一建筑用语)

(谜底:屋上瓦片)

住在盐州盐县,一生到老挑盐,

不知盐轻盐重,不知盐咸盐淡。(打一建筑用语)

(谜底:屋檐头)

人体类谜语

小时四只腿,长大两只腿,老了三只腿。(打一名称)

(谜底:人)

在家三百日,出外不思家,

脱了红袍袄,换过青罗纱。(打一人体现象)

(谜底:胎儿)

人在我肚里,我在人肚里,

人不在我肚里,我不在人肚里。(打一人体名称)

(谜底:胎衣)

天下一丛草,地下一对灯,

灯下一个墓,墓下一个塘,

塘下一个鼓,鼓下一对两叉橹。(打一名称)

(谜底:人体)

高高山上一堆草,草底下有一对宝,

宝底下有一座坟,坟底下面开大门。(打一人体部位)

(谜底:头)

高高山顶一蓬葱,日日早晨铲一通。(打一人体名称)

(谜底:头发)

一丝丝,黑漆漆,不问亲生的,

也不问买来的,打扮起来总是一样的。(打一人体名称)

(谜底:发辫)

高高山上一捆柴，插入扁担没人抬。（打一人体名称）

（谜底：发髻）

动物类谜语

两盏灯，两把钻，四把铁锤两把扇。（打一动物名称）

（谜底：牛）

一个小肉瓢，里外长红毛，
谁要把它撞，赶紧摇几摇。（打一动物名称）

（谜底：牛耳朵）

不打它自己扁，不磨它自己尖，不漆它自己黑。（打一动物身体部位）

（谜底：牛角）

南场头一个破毡帽，拾拾看，无人要。（打一动物现象）

（谜底：牛粪）

你坐我不坐，我行你不行，一夜坐到大天明。（打一动物名称）

（谜底：马）

植物类谜语

长生不老。（打一植物）

（谜底：万年青）

生在山中，颜色相同，来到人间，有绿有红。（打一植物）

（谜底：茶叶）

小小一姑娘，坐在水中央，身穿粉红袄，阵阵放清香。（打一植物）

（谜底：荷花）

泥里一条龙，头顶一个蓬；身体一节节，满肚小窟窿。（打一蔬菜名称）

（谜底：莲藕）

小时头青青，老来发白白，远看似棉花，风来起白浪。（打一植物）

（谜底：芦苇）

麻壳子，红里子，裹着白胖子。（打一植物）

（谜底：花生）

食品类谜语

两头尖尖白如银，世人无我难做人，

但得有人猜着我，要算世上聪明人。（打一食品名称）

（谜底：米）

土里下种，水里开花，

袋里团圆，案上分家。（打一食品名称）

（谜底：豆腐）

青青似玉女，白白粉娇娘，

连衣跳下水，上来脱衣裳。（打一食品名称）

（谜底：棕子）

从南来群鹅，扑通扑通跳下河，

先沉底，后漂浮。（打一食品名称）

（谜底：饺子）

白糖梅子真稀奇，也没核儿也没皮，

正月十五沿街卖，过了正月没有提。（打一食品名称）

（谜底：元宵）

荤菜夹素菜，双手端上来，

当中有火山，四面都是海。（打一食品名称）

（谜底：火锅）

蔬菜水果类谜语

生根不落地，有叶不开花，市场有得卖，园里不种他。（打一蔬

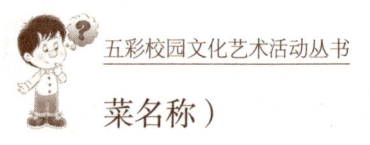

菜名称）

（谜底：豆芽）

紫色衣，肉白细，煮过衣儿肉儿都变色。（打一蔬菜名称）

（谜底：茄子）

红灯龙，绿宝盖，十人见了九人爱。（打一水果名称）

（谜底：柿子）

青藤挂满棚，结果像青龙，嫩时当菜吃，老了也有用。（打一蔬菜名称）

（谜底：丝瓜）

红漆桶，地下埋，绿的叶子顶上栽，切开红漆桶；清酣可口好小菜。（打一蔬菜名称）

（谜底：红萝卜）

圆圆脸儿像苹果，又酸又甜营养多，既能做菜吃，又可当水果。（打一蔬菜名称）

（谜底：番茄）

千姊妹，万姊妹，同床睡，各盖被。（打一水果名称）

（谜底：石榴）

器具类谜语

别看名字消极，其实却很积极，
成天忙着劳动，干活特别卖力。（打一农业机械）

（谜底：拖拉机）

一头牛，两个头，
这头喝水那头流。（打一农业机械）

（谜底：抽水机）

小奴在青春，许配祝郎君，
夫妇郊外去，单杀草头军。（打一农业机械）

（谜底：锄头）

一只鹅，弯弯脖，
遍地跑，尽吃草。（打一农业机械）

（谜底：镰刀）

远看一条牛，近看光骨头，
嘴巴吃白米，屁股后糠头。（打一农业用具）

（谜底：扇谷风车）

圆圆脸，方方眼，
一个脸上几百只眼。（打一农业用具）

（谜底：筛）

祝枝山编之，滕文公缚之，
季康子不出，再拜而送之。（打一农业用具）

（谜底：簸箕）

生在深山是圆家伙，死在几间是扁家伙；
放倒是个真家伙，发起威来是个弯家伙。（打一农业用具）

（谜底：扁担）

一物钢铁身，牙齿肚里存，
吃饭沙沙响，粪便骡马吞。（打一农业用具）

（谜底：铡刀）

车轮滚滚，马不停蹄，
走了一天，还在原地。（打一农业用具）

（谜底：水车）

乡下有只猴，有翼没有头，
刀砍不见血，雨打哗哗流。（打一农业用具）

（谜底：蓑衣）

一人扶我到孤洲，但闻百鸟叫啁啁，

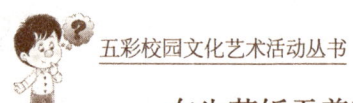

在生茶饭无着落,死后骸骨无人收。(打一农业用具)

(谜底:稻草人)

用品类谜语

小时青竹林林,到大刮骨抽筋,
听些花言巧语,看些姑娘翻身。(打一生活用品)

(谜底:席子)

一时吃饱总不饥,二人相思我便知,
听尽人人知心话,不想人前多是非。(打一生活用品)

(谜底:枕头)

团团围住一座城,外边兵马里边人,
张良善用关门计,韩信归来定太平。(打一生活用品)

(谜底:帐子)

两只小船,没有篷帆,十个客人,坐在船中,
水路不行,陆路畅通;白天行动,来去匆匆,
夜深人静,客去船空。(打一生活用品)

(谜底:鞋)

一对老母鸡,吃泥不吃米,
雨天吃得饱,晴天饿肚皮。(打一生活用品)

(谜底:雨鞋)

日里勾肩搭背,夜里两头分开。(打一生活用品)

(谜底:钮扣)

床面前,一个坑,
掉下去,半人深。(打一生活用品)

(谜底:裤子)

冬天常见它,夏天不见它;
用它不见它,见它不用它。(打一生活用品)

（谜底：帽）

十个加十个,还是十个,

十个减十个,又是十个。(打一生活用品)

（谜底：手套）

盘绕玉柱一条龙,冰天雪地不怕风,

冬天最得人人爱,立春以后无影踪。(打一生活用品)

（谜底：围巾）

游园脑筋急转弯题推荐

夜黑风高的晚上,小李遇见一个鬼,那鬼吓得落方而逃,为什么?(胆小鬼)

有爷俩、娘俩和兄妹俩,只有个烧饼,但却每人分得了两个,这是为什么?(儿子、母亲、舅舅)

什么鸭子用两只脚走路?(所有的鸭子都是用两只脚走路)

为什么小王写了一个字,人人都说他写了错字?(因为他本身就写了个错字)

什么东西见者有份?(阳光)

什么东西最容易满足?(袜子)

一只老虎被一根1米长的绳子捆着,它前方2米处有一堆草,老虎怎么样才能吃到草?(老虎不吃草)

什么冰没水?(干冰)

离你最近的地方是哪?(脚下)

最慢的时间？（度日如年）

能容纳所有景物的球是什么球？（眼球）

什么事情是天不知道地知道，你不知道我知道？（鞋底破了一个洞）

哪一颗牙最后一次长出来？（假牙）

水为什么不能掉在盘上？（那是键盘）

天上下着雨，为什么地上是干的？（人在屋里）

中国哪个地方的东西最不便宜？（贵州）

爸爸什么时候像个孩子？（在爷爷面前）

木字多一撇不把禾字猜，打一字。（移）

一堆沙加一堆沙等于多少堆沙？（当然是一堆沙啦）

七个躺着，八个站着。打一成语。（横七竖八）

999个无。打一成语。（万无一失）

小明次次都拿第一，为什么爸爸还要骂他啊？（倒数第一）

明年的最佳球员是谁？（笨，都还没打呢）

有一位是小偷，他看见那有一辆小车，他为什么不偷？（那辆车是他的）

电和闪电有什么不同？（一个花钱，一个不花钱）

什么样的人死后还可以出现？（电视剧里的人）

汽球内有空气，那游泳圈内有什么？（人）

什么蛋不能吃？（混蛋）

什么鬼大家都喜欢？（机灵鬼）

什么样的路人不能走？（电路）

在什么时候更确定自己是中国人？（外语考试的时候）

小明的爸爸有个儿子，一个叫大毛，一个叫小毛，第三个叫什么？（小明）

什么洞越大越没用？（破洞）

如果你说出它来，它就不见了，它是什么？（沉默不语）

用三个3组成一个最大的数？（3的3次方）

人在园中，打一字。（囚）

加减乘除少一点，打一字。（坟）

我和你爸爸的弟弟的儿子的同学的哥哥是什么关系？（没关系）

十字路口，嫦娥路边走打一字。（胡）

早上开箱子，晚上关箱子，箱子里有面镜子。打一人体器官。（眼睛）

什么池不能洗澡？（电池）

池无水，地无土，打一字。（也）

一只蜜蜂停在日历上，打一成语。（风和日丽）

什么字大家都会念错？（错）

《金陵春梦》中蒋介石少年时曾到军校上学，当时军校是谁办的？在哪儿？（袁世凯，在保定）

什么东西看起来像照亮灯泡？（坏的灯泡）

排着队上厕所打一地名？（伦敦）

老明有三个儿子，大儿子叫大哥，二儿子叫二哥，请问小儿子叫什么？（小明）

什么样的速度最快？（一步登天）

什么样的东西是假的，也有人愿意买？（假发）

什么东西可以尽情吃，不用花钱买？（空气）

牙医靠什么吃饭？（嘴巴）

明明是个近视眼，也是个出名的馋小子，在他面前放一堆书，书后放一个苹果，你说他会先看什么？（什么都看不见）

一个不会游泳的人掉进了水里却没有淹死，为什么？（穿着救生

衣）

用什么可以解开所有的谜？（谜底）

两只狗赛跑，甲狗跑得快，乙狗跑得慢，跑到终点时，哪只狗出汗多？（狗不会出汗）

楚楚的生日在三月三十日，请问是哪年的三月三十日？（每年的三月三十日）

哪儿的海不产鱼？（辞海）

迄今为止，你所见到的最大的影子是什么？（黑夜，哪是地球的影子）

有一块天然的黑色的大理石，在九月七号这一天，把它扔到钱塘江里会有什么现象发生？（沉到江底）

冰变成水最快的方法是什么？（去掉冰字那二点）

小王是一名优秀士兵，一天他在站岗值勤时，明明看到有敌人悄悄向他摸过来，为什么他却睁一只眼闭一只眼？（因为他正在瞄准）

有一个人，他是你父母生的，但他却不是你的兄弟姐妹，他是谁？（你自己）

什么东西天气越热，它爬的越高？（温度计）

什么东西在倒立之后会增加它的一半？（数目字6）

为什么人们要到市场上去？（因为市场不能来）

为什么青蛙可以跳得比树高？（树不会跳）

纸上写着某一份命令。但是，看懂此文字的人，却绝对不能宣读命令。那么，纸上写的是什么呢？（上面写着，不要念出此文）

一个空调器从楼掉下来会变成啥器？（凶器）

为什么现代人越来越言而无信？（打电话当然比写信方便）

两个人住在一个胡同里，只隔几步路，他们同在一个工厂上班，但每天出门上班，却总一个向左，一个向右，为什么？（他们住对门）

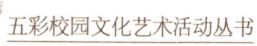

什么时候可以用网提水？（当水变成冰时）

全世界死亡率最高的地方在哪里？（在床上）

你能做、我能做、大家都能做，一个人能做、两个人不能一起做。这是做什么？（做梦）

一个离过五十次婚的女人，应该怎么形容她？（前功尽弃）

三个孩子吃三个饼要用3分钟，九十个孩子吃九十个饼要用多少时间？（也是三分钟，九十个孩子同时吃）

什么样的轮子只转不走？（风车的轮子）

地球上什么东西每天要走的距离最远？（地球）

中国人最早的姓氏是什么？（姓善）

铁放到外面要生锈，那金子呢？（会被偷走）

在什么时候1+2不等于3？（算错了的时候）

什么样的轮子只转不走？（风车的轮子）

什么时候最好还是要高高举起你的双手好些？（当有人用枪指着你的头的时候）

小明家住在五楼，可是电梯坏了，他自己也没有走楼梯，他却上了五楼回到家里，这可能吗？（有人背着他上的楼）

一根又黑、又粗、又硬的棍子插进洞里，感觉暖烘烘的，等到抽出来以后，客人就要付钱啦。（烤甘蔗）

舔也硬，不舔也硬，想舒服睡，先搓搓它（打人身体上的东西）（牙齿）

一种东西，东方人的短，西方人的长，结婚后女的就可以用男的这东西，和尚有但是不用它。（人的姓）

什么东西最硬？女孩子最喜欢，特别是结了婚的女人，更是爱死了。（钻石）

阿明给蚊子咬了一大一小的包，请问较大的包，是公蚊子咬的，

还是母蚊子咬的？（公蚊是不咬人的）

在一间房子里，有油灯，暖炉及壁炉。现在，想要将三个器具点燃，可是你只有一根火柴。请问首先应该点哪一样？（火柴）

一间牢房中关了两名犯人，其中一个因偷窃，要关一年，另一个是强盗杀人犯，却只关两个星期，为什么？（因为杀人犯要拉去执行死刑）

两个人分五个苹果，怎么分最公平？（榨成果汁）

小张开车，不小心撞上电线杆发生了车祸，警察到达时车上有个死人，小张说这与他无关，警察也相信了，为什么？（小张开灵车）

一只凶猛的饿猫，看到老鼠，为何拔腿就跑？（跑去追老鼠）

动物园中，大象鼻子最长，鼻子第二长的是什么动物？（小象）

一个人在沙滩上行走，回头为什么看不见自己的脚印？（倒着走）

什么动物你打死了它，却流了你的血？（蚊子）

两对父子去买帽子，为什么只买了三顶？（三代人）

小红和小丽是同学，也住在同一条街，她们总是一起上学，可是每天一出家门就一个向左走，一个向右走，这是怎么回事呢？（他们的家门是相对着的）

图书在版编目（CIP）数据

校园节庆类活动指导手册 / 李金凤编著. -- 长春：吉林出版集团有限责任公司，2013.11（2020.11重印）
ISBN 978-7-5534-3306-6

Ⅰ. ①校… Ⅱ. ①李… Ⅲ. ①节日－文娱活动－中国－青年读物②节日－文娱活动－中国－少年读物 Ⅳ. ①K892.1-49

中国版本图书馆CIP数据核字（2013）第226694号

校园节庆类活动指导手册

李金凤　编著

出 版 人：	齐　郁
责任编辑：	孙　婷
封面设计：	大华文苑（北京）图书有限公司
版式设计：	大华文苑（北京）图书有限公司
法律顾问：	刘　畅
出　　版	吉林出版集团股份有限公司
发　　行	吉林出版集团青少年书刊发行有限公司
地　　址	长春市福祉大路5788号
邮政编码	130118
电　　话	0431-81629800
传　　真	0431-81629812
印　　刷	北京兴星伟业印刷有限公司
版　　次	2013年11月　第1版
印　　次	2020年11月　第3次印刷
字　　数	158千字
开　　本	710mm×1000mm　1/16
印　　张	12
书　　号	ISBN 978-7-5534-3306-6
定　　价	35.00元

版权所有　翻印必究